VIBRATIONS QUANTIQUES
ELEVER VOTRE FRÉQUENCE AVEC L'HUMAN DESIGN

SANDRINE CALMEL

© 2025 SANDRINE CALMEL

www.sandrinecalmel.fr

Edité par Calmel Holistic Development | Sandrine Calmel

171 rue Newcastle 54 000 Nancy.

info@sandrinecalmel.fr

Édition : BoD · Books on Demand, 31 avenue Saint-Rémy, 57600 Forbach, bod@bod.fr

Impression : Libri Plureos GmbH, Friedensallee 273, 22763 Hambourg (Allemagne)

ISBN 978-2-3225-5905-3

Dépôt Légal : MARS 2025

Tous droits de reproduction et de traduction réservés pour tous pays

DU MÊME AUTEUR

- Voyage rebelle à la découverte de soi - Editions Maïa
- Voyage au coeur de la conscience - Editions Maïa
- Les clés de votre nature profonde (HD Tome 1) - Auto édition
- Les centres de conscience et d'énergie (HD Tome 2) - Explorer les 9 centres pour aligner votre être intérieur - Auto édition
- La bible des 64 portes Human Design & Gene Keys démystifiés (HD tome 3) - Auto édition
- Vibrations quantiques (HD Tome 4) - Elever votre fréquence avec l'Human Design - Auto édition

"Dans l'infinité du cosmos, chaque âme résonne à sa propre fréquence, créant une mélodie universelle. Par la compréhension, nous pouvons harmoniser notre vibration intérieure avec le grand orchestre de l'existence."

— Sandrine Calmel

SANDRINE CALMEL
EXPERTE EN HUMAN DESIGN & GENE KEYS
FONDATRICE DES REBELLES SACRÉ(E)S®

Sandrine Calmel est une exploratrice de l'âme humaine, une guide lumineuse dans l'univers du Human Design et des Gene Keys. Auteure et formatrice accomplie, elle consacre son œuvre à décrypter les mystères de ces sciences anciennes, offrant à chacun la possibilité de se reconnecter à sa véritable essence.

À travers ses écrits et ses enseignements, Sandrine tisse un pont entre la sagesse intemporelle et les défis contemporains, révélant les trésors cachés en chaque être.

Générateur Manifesteur avec une Autorité Sacrale, Sandrine incarne un dynamisme créatif rare, capable de matérialiser ses visions avec intensité et clarté. Sa connexion intime avec son autorité intérieure lui permet d'agir depuis un espace d'alignement profond, guidant ceux qui croisent sa route vers des choix authentiques et porteurs de sens.

En tant que profil 6/3, Sandrine se distingue par une soif d'apprentissage incessante et une capacité innée à transformer les expériences en sagesses. Ce chemin de l'expérimentateur, parfois semé d'embûches, fait d'elle une mentore ancrée, pragmatique et visionnaire. Chaque défi devient pour elle une opportunité d'évolution, une nouvelle marche vers la maîtrise et la transmission.

L'empreinte énergétique de Sandrine s'exprime à travers dix canaux puissants, témoins de la richesse de son design :

L'Éveil (10/20) : Une présence magnétique qui invite à vivre l'instant avec plénitude.

Parfaite Conduite (10/57) : Une intuition tranchante, toujours en quête d'authenticité.

Exploration (10/34) : Une énergie pionnière, toujours prête à expérimenter et innover.

Rythmes (5/15) : Un profond respect des cycles naturels et de l'harmonie du vivant.

Initiation (51/25) : Un courage intrépide pour ouvrir des portes vers l'inconnu et l'amour inconditionnel.

Charisme (20/34) : Une capacité à inspirer et catalyser l'action par sa seule présence.

Idée de Génie (20/57) : Une fusion rare entre l'intuition et l'action instantanée.

Pouvoir (34/57) : Une force intérieure propulsant ses idées vers la manifestation concrète.

Prodigue (33/13) : Une capacité unique à raconter, à transmettre et à porter la mémoire collective.

Longueur d'Onde (48/16) : Une sagesse profonde alliée à une expression claire et inspirée.

Sandrine incarne la rencontre du spirituel et du tangible. Son rôle dépasse celui de guide : elle est une alchimiste de la conscience, transformant l'ombre en lumière et les doutes en révélations. Sa mission est d'accompagner chacun dans l'exploration de ses propres richesses intérieures, en révélant la puissance et la beauté insoupçonnées qui sommeillent dans les profondeurs de l'être.

Fondatrice des Rebelles Sacré(e)s®, Sandrine invite à un voyage où vulnérabilité et puissance se rencontrent. Elle marche aux côtés de ceux et celles qui osent embrasser leur singularité et rêvent de transformer leur existence en une œuvre alignée et lumineuse. À travers ses formations, ses livres et ses accompagnements, elle est une présence bienveillante, un phare dans la nuit intérieure, rappelant à chacun que la clé du changement réside en soi.

PRÉFACE

Le voyage à travers le spectre fascinant de la conscience humaine est une quête sans fin. Il est parsemé de découvertes et de révélations, et pourtant, malgré nos progrès dans diverses disciplines et sciences, nous cherchons toujours à comprendre ce qui nous anime, ce qui résonne en nous et comment nous sommes liés à cet univers infini.

Après le premier tome, où nous avons plongé dans les mystères de l'Human Design et comment il sert de compas à nos vies, ce deuxième opus, "Vibrations Quantiques", nous emmène encore plus profondément dans la danse de notre être. Nous explorerons la dimension quantique de notre existence et comment elle se reflète dans notre design unique. La promesse ? Élever notre fréquence vibratoire pour vivre une vie plus alignée, plus harmonieuse et plus puissante.

L'ère quantique a bouleversé notre compréhension du monde. Les limites précédemment établies entre la science et la spiritualité commencent à s'estomper, offrant de nouvelles perspectives et de nouvelles possibilités. Le code quantique, avec son mystère et ses merveilles, est non seulement la clé de l'univers, mais aussi la clé de nous-mêmes.

Ce livre n'est pas seulement une exploration théorique de ces concepts. Il est conçu pour être un guide pratique, fournissant des exercices, des méditations et des outils pour vous aider à intégrer ces connaissances dans votre quotidien. Chaque page vise à vous éclairer, à vous élever et à vous transformer.
Que vous soyez nouveau dans le monde de l'Human Design ou que vous cherchiez à approfondir votre compréhension, ce livre vous offre une nouvelle perspective, fusionnant la sagesse ancienne avec les découvertes modernes pour créer une synthèse puissante et révolutionnaire.

Je vous invite à ouvrir votre esprit et votre cœur, à élever votre fréquence et à rejoindre ce voyage quantique à travers l'essence même de ce que nous sommes. Dans ces pages, nous allons non seulement explorer les échos du cosmos en nous, mais aussi apprendre à danser avec eux.

Bon voyage,
Sandrine Calmel.

AVANT PROPOS

Lorsque j'ai posé la première pierre de ce voyage avec le premier tome, "L'Human Design : Voyage au cœur de la conscience", je me suis engagée à dévoiler une méthode ancestrale remodelée pour le monde moderne. L'accueil chaleureux que vous, lecteurs, avez réservé à cette première étape m'a confortée dans l'idée que la soif de connaissance, de connexion et d'harmonie avec soi-même est plus pertinente que jamais.

Cependant, comme tout voyageur le sait, une destination atteinte n'est souvent que le début d'une autre aventure. Après avoir posé les fondations avec le premier livre, ce second tome, "Vibrations Quantiques", est une invitation à explorer plus profondément les liens invisibles qui nous relient à l'univers. Un pas en avant vers une danse entre la science et la spiritualité, là où le tangible rencontre l'intangible.

J'ai souvent été fascinée par la manière dont les anciennes traditions et la science moderne se recoupent, créant un tissu complexe de compréhension. Le monde quantique, en particulier, m'a toujours semblé être un pont entre ces deux mondes, un espace où les miracles et la logique se rencontrent.

L'intention de ce livre n'est pas seulement d'explorer les profondeurs du code quantique dans l'Human Design, mais aussi de vous fournir des outils concrets pour vous aider à élever votre propre fréquence, à résonner à un niveau supérieur et à vivre une existence plus pleine et plus alignée.

Chaque chapitre est un pas de plus dans cette exploration, avec des exercices, des méditations et des réflexions pour vous guider. Mais plus que tout, c'est une invitation à l'expérience personnelle. Car si la lecture peut éclairer l'esprit, c'est l'expérience qui éclaire l'âme.

À travers ces pages, j'espère partager avec vous non seulement mon amour et ma passion pour l'Human Design, mais aussi ma profonde conviction que chacun d'entre nous est un univers en soi, vibrant d'énergies et de possibilités. Et lorsque nous apprenons à accorder ces vibrations avec l'univers qui nous entoure, nous découvrons un harmonieux ballet cosmique auquel nous sommes tous invités à danser.

Plongez profondément, avec curiosité et ouverture d'esprit. Car ce n'est qu'en sondant les profondeurs que nous pouvons vraiment toucher les étoiles.

Avec toute ma gratitude,
Sandrine Calmel.

GLOSSAIRE

Avant de plonger dans les profondeurs de ce livre, il est important de disposer d'une carte linguistique pour vous guider à travers certains des termes et concepts complexes que vous rencontrerez. Le glossaire suivant a pour objectif de vous fournir des définitions simplifiées des termes clés. N'hésitez pas à y revenir à tout moment pour clarifier votre compréhension ou rafraîchir votre mémoire.

AFFIRMATION: Une déclaration positive répétée dans le but de changer une croyance ou une perspective.

CHAKRA: Dans les traditions spirituelles de l'Inde, les chakras sont considérés comme des centres d'énergie situés à des points précis du corps humain.

CODE QUANTIQUE: Terme englobant les lois et principes de la mécanique quantique appliqués à notre existence quotidienne. Il sert à décrire le langage fondamental que l'univers utilise pour créer et orchestrer la réalité.

FRÉQUENCE: La vitesse à laquelle une vibration ou une onde se produit, souvent utilisée pour décrire des énergies ou des vibrations spécifiques.

FRÉQUENCE VIBRATOIRE: La vitesse à laquelle vos molécules vibrent. Dans un contexte spirituel, élever votre fréquence vibratoire est souvent associé à l'attraction d'expériences plus positives.

HUMAN DESIGN: Un système de connaissance qui combine des éléments de l'astrologie, du I Ching, de la Kabbale, et des chakras pour créer une "carte" unique de votre être. Cette carte est un outil précieux pour l'auto-découverte et le développement personnel.

INTENTION: Un engagement ou une décision ferme à agir d'une certaine manière ou à produire un certain résultat.

QUANTIQUE : Relatif à la mécanique quantique, une branche de la physique qui étudie les phénomènes survenant à l'échelle des atomes et des particules subatomiques.

RÉSONANCE: Le phénomène selon lequel une vibration extérieure à un objet peut amener cet objet à vibrer à sa propre fréquence, surtout si cette fréquence est proche ou identique à la fréquence propre de l'objet.

VIBRATION: Le mouvement oscillatoire autour d'un point d'équilibre. Dans le contexte spirituel et énergétique, cela fait référence à la qualité et à la nature de l'énergie que nous émettons.

Maintenant que vous êtes familiarisé avec le jargon spécifique abordé dans ce livre, vous êtes mieux équipé pour entreprendre ce voyage fascinant vers une meilleure compréhension de vous-même et de l'univers qui vous entoure. Gardez à l'esprit que ces définitions sont des points de départ ; la profondeur et la richesse des sujets abordés vous permettront de développer une compréhension encore plus grande au fil de votre lecture.

INTRODUCTION
L'intersection entre le quantique & l'Human Design

Le Chœur Céleste des Vibrations Quantiques

Dans le premier acte de cette odyssée cosmique, nous avons sondé les profondeurs de l'Human Design, ce kaléidoscope sacré de l'âme humaine. À présent, comme un orchestre qui s'épanouit dans son deuxième mouvement, nous plongeons dans les méandres encore plus mystérieux des vibrations quantiques, de la fréquence vibratoire et du code quantique.

Chers voyageurs de l'infini, ne soyez pas intimidés par ces termes ésotériques qui vous sont peut-être inconnus. "Fréquence Vibratoire" n'est pas simplement un mot énigmatique; il est le diapason qui harmonise votre être. Le "Code Quantique", quant à lui, est la partition de l'univers, écrite dans le langage de l'inobservable. Et "Human Design" est notre carte stellaire, une cartographie de l'âme que nous avons déjà explorée ensemble. Un glossaire sacré, détaillé et accessible, se trouve en début de ce livre pour guider vos pas dans ces contrées inexplorées.

Pourquoi un deuxième tome, vous pourriez vous demander, en particulier si vous avez déjà navigué dans les océans de l'Human Design? La réponse est aussi subtile qu'évidente. Tout comme une symphonie ne s'arrête pas après son premier mouvement, le voyage de la découverte de soi est sans fin. Ce livre est le deuxième acte, la suite inévitable de notre première odyssée. Il n'est pas une répétition, mais une expansion; pas un écho, mais une nouvelle mélodie.

Conçu comme une suite épique à notre première aventure, ce deuxième tome est à la fois le prélude pour le néophyte dans le monde de la fréquence vibratoire et l'opéra complexe pour l'érudit. Il est un amalgame de poésie et de science, une danse entre la logique et le mystique. À chaque page, vous découvrirez non seulement des théories, mais aussi des pratiques sacrées qui agiront comme des mantras dans votre voyage de transformation.

Avant de commencer ce nouveau voyage, je vous invite à télécharger votre carte de fréquence vibratoire, disponible sur le même sanctuaire en ligne qui vous a offert votre carte stellaire en Human Design. Ceci est votre deuxième parchemin sacré, le manuel de votre âme pour ce nouveau chapitre de l'existence.

Alors, mes chers voyageurs, ouvrez ce livre avec le cœur d'un poète et l'esprit d'un sage. Laissez votre rationalité à l'entrée de ce sanctuaire et entrez avec une curiosité divine. Que ce livre soit votre lampe d'Aladin, éclairant des mondes jusqu'alors inimaginables, mais toujours présents dans le tissu même de votre être.[1]

---

[1] *NB. Dans ce livre, les termes "Human Design" et "Design Humain" sont utilisés de manière interchangeable. Le terme "Design Humain" est la traduction directe de "Human Design", le système de connaissance conçu par Ra Uru Hu. Bien que la terminologie française soit souvent privilégiée par ceux formés directement dans la tradition de Ra Uru Hu en France (dont je fais partie), "Human Design" reste le terme le plus répandu et reconnu internationalement. Cette dualité reflète la nature universelle du système qui transcende les barrières linguistiques, touchant ainsi un public plus large et diversifié.*

CHAPITRE 1
Décodage du Quantique dans l'Human Design
L'ODYSSÉE QUANTIQUE AU CŒUR DE L'HUMAN DESIGN

Au creux de chaque nébuleuse, dans le scintillement de chaque étoile filante, à la pointe d'origine de chaque pensée, un chant silencieux résonne. Ce n'est pas n'importe quel chant, mais un hymne codé, une mélodie composée dans le langage secret de la physique quantique. Un langage qui, pour beaucoup, semble incompréhensible, même indéchiffrable. Alors, comment allons-nous traduire cette sérénade cryptée du cosmos en un langage que notre âme peut comprendre et chanter ? Voilà où l'Human Design entre en scène comme un traducteur divin entre le silence des quanta et la musique de notre être.

Pensez à "Fréquence Vibratoire" comme à la tonalité sur laquelle résonne votre essence, une note unique dans la symphonie universelle. C'est la mélodie de votre être, et l'Human Design vous offre le solfège pour comprendre cette partition céleste. Quant au "Code Quantique", c'est la syntaxe de cette langue sacrée, le grimoire qui règle la danse des particules subatomiques et définit les règles d'interaction dans le ballet cosmique de la vie.

Dans le premier acte, nous avons vu comment l'Human Design cartographie notre paysage intérieur. Mais cette cartographie va au-delà des chakras et des astres, elle descend aux profondeurs des particules élémentaires, là où même la lumière hésite à voyager. Ici, nous explorons comment l'Human Design se nourrit de la physique quantique, traduisant ses mystères en un langage de lumière et d'ombre, de yin et de yang, intégrant le quantique dans la fibre même de son tissu.

Préparez-vous, âmes voyageuses, à une expédition où la science se transforme en poésie, et où la poésie dévoile les lois scientifiques qui régissent tout, du battement d'un électron à la révolution d'une galaxie. Une épopée qui, tout en vous dévoilant les secrets les plus obscurs de l'univers, illuminera également les coins les plus reculés de votre propre cosmos intérieur.

Serrez vos ceintures, car nous sommes sur le point de prendre notre envol vers une destination inconnue, où chaque particule d'incertitude est une étoile dans le ciel nocturne de l'infini possibilité. C'est un voyage sans fin, car à chaque horizon franchi, un autre se dessine, invitant à une exploration sans fin de vous-même et de l'Univers.

LA SYMPHONIE SILENCIEUSE DE L'UNIVERS : La fréquence quantique

Chaque souffle du vent, chaque mouvement de la marée, chaque battement de coeur dans la vaste étendue de la vie est un accord dans une symphonie silencieuse qui émane de l'infini. Mais ce n'est pas une mélodie que l'on entend avec les oreilles; c'est une fréquence que l'on ressent avec l'âme. La physique quantique nous enseigne que derrière l'apparente fixité du monde matériel se cache un océan d'énergie en mouvement perpétuel. Imaginez-le comme une mélodie sans fin, une composition qui se réinvente à chaque instant.

---

1. Vibrations cosmiques et particules dansantes

La formule de Planck, $E=h\nu$, n'est pas seulement une équation sur un tableau noir ou une série de symboles dans un manuel de physique. Elle est une clef — une clef métaphorique qui ouvre les portes du cosmos, déverrouillant notre compréhension des lois subtiles qui orchestrent la danse incessante de la matière et de l'énergie.

Imaginez chaque particule subatomique, chaque atome, chaque molécule, comme un musicien doué d'une individualité, d'un rôle spécifique dans cet orchestre universel de l'existence. Chaque 'musicien' a son propre instrument, qu'il s'agisse d'un électron, d'un proton ou d'une molécule complexe. Ils suivent tous la partition écrite par les lois de la physique, mais chacun ajoute sa propre nuance, son propre style, son propre "je-ne-sais-quoi" qui fait de l'ensemble une mélodie riche et complexe.

La "note" (ν) qu'émet chaque particule est sa fréquence propre, une oscillation qui se distingue des autres mais qui, en même temps, se fond dans l'harmonie générale. Elle chante à l'unisson avec son énergie (E), dans une interaction dynamique et continue. Comme un violoniste ajustant la tension de la corde pour atteindre la note parfaite, l'énergie et la fréquence sont intrinsèquement liées, l'une influençant et étant influencée par l'autre.

Mais ce n'est pas un concert chaotique. Il y a une direction, un ordre, des synchronicités. Cet alignement est orchestré par le "maestro universel", la constante de Planck (h). C'est le fil conducteur qui relie chaque note à l'autre, assurant que l'ensemble crée une symphonie et non un bruit. La constante de Planck est comme la baguette du chef d'orchestre, indiquant quand monter le ton, quand apporter un crescendo et quand revenir à un murmure silencieux.

Ce paradigme a des implications vertigineuses. Il suggère que tout dans l'univers est en harmonie, même si cette harmonie est si complexe qu'elle échappe souvent à notre compréhension. Il propose un modèle où la diversité — des particules aux galaxies, des microbes aux forêts tropicales — est non seulement acceptée mais aussi célébrée comme une caractéristique essentielle de l'existence cosmique.

C'est comme si l'univers tout entier était une immense salle de concert, et nous sommes tous invités non seulement à écouter mais aussi à jouer notre propre instrument, à ajouter notre propre note à cette mélodie éternelle qui est la trame même de la réalité.

Ce n'est pas simplement de la poésie ou de la philosophie. C'est une manière révolutionnaire de voir et de comprendre notre place dans le cosmos, une qui est soutenue par les observations et les théories les plus avancées de la science moderne.

Ainsi, la formule de Planck n'est pas une simple expression mathématique; elle est une invitation à participer à l'une des plus grandes aventures jamais entreprises par l'humanité : l'exploration et la compréhension de l'univers lui-même.

2. Ondes de possibilités : L'océan quantique

Lorsque nous parlons du domaine quantique, nous ne pouvons ignorer l'élément fascinant et profondément mystérieux de l'onde. Vous pouvez penser à la fréquence comme à l'ADN du phénomène ondulatoire; elle est l'empreinte unique qui donne à chaque onde son caractère distinct. Mais ces ondes ne sont pas des abstractions mathématiques ni des créations artistiques de la nature; elles sont les battements de cœur du cosmos, pulsant à travers le tissu de l'espace-temps.

Imaginez un vaste océan, sans commencement ni fin, rempli de possibilités infinies. Ce n'est pas un océan d'eau, mais un océan de potentialités, d'énergies, d'informations. Chaque pensée que vous avez, chaque émotion que vous ressentez, chaque intention que vous formulez, est comme une goutte de pluie tombant dans cet océan. Ces "gouttes" génèrent des ondes qui se propagent, créant des cercles d'impact qui s'étendent à l'infini.

Ce n'est pas une métaphore. C'est une réalité rendue palpable par des phénomènes comme la superposition et l'intrication quantique, des concepts qui défient notre compréhension habituelle de la localité et de la linéarité. Ces ondes sont les ambassadeurs de notre être intérieur dans l'océan cosmique, portant avec elles des germes de possibilités, des embryons de destins.

Ces ondes ne voyagent pas seules. Elles se rencontrent, se croisent, s'entremêlent et interagissent dans un ballet exquis de complexités. À chaque intersection, à chaque point de contact, une nouvelle possibilité est créée, une nouvelle réalité est envisageable. Comme des fils dans une immense tapisserie, chaque onde contribue à un motif plus vaste, une image plus grande qui dépasse notre imagination et notre compréhension.

Mais ce n'est pas tout. Ces ondes ne sont pas des spectateurs passifs de la réalité; elles sont des acteurs engagés, des catalyseurs de changement. Elles ont le potentiel non seulement de voyager à travers l'océan quantique, mais aussi d'influencer et de transformer d'autres ondes qu'elles rencontrent. Une pensée positive peut littéralement changer la trajectoire d'un événement, un geste d'amour peut créer une ondulation de bonté qui voyage à travers des dimensions inconcevables.

Ce concept d'ondes de possibilités nous offre une nouvelle manière de voir notre rôle dans l'univers. Nous ne sommes pas des entités isolées, flottant sans but dans un océan d'indifférence. Nous sommes des nœuds de potentialités, des points focaux d'énergie et d'intention, ancrés dans le tissu même de la réalité. Et grâce à cette ancrage, nous avons le pouvoir non seulement de façonner notre propre destin, mais aussi de contribuer à la grande symphonie de l'existence.

C'est dans cette richesse d'interaction, ce réseau complexe d'ondes et de fréquences, que l'Human Design trouve sa pertinence. Le système sert de compas, nous guidant à travers les eaux parfois tumultueuses, parfois calmes, de cet océan quantique, nous aidant à naviguer avec intention et clarté dans un univers d'infinités.

3. Fréquences humaines : L'Harmonie de l'Être

La perspective scientifique nous a souvent présentés comme des ensembles mécaniques de cellules, d'atomes et de molécules. Mais en descendant dans le labyrinthe de la physique quantique, une image plus nuancée, plus dynamique de l'existence humaine commence à se dessiner. Nous ne sommes pas de simples machines biologiques, mais plutôt des entités de fréquence, des symphonies vivantes de vibrations en constante interaction avec le cosmos.

Le langage de la fréquence est le lexique universel que tout dans l'existence utilise pour communiquer, que ce soit le murmure d'une galaxie en mouvement ou le doux tremblement d'un électron. Alors, comment pouvons-nous, en tant qu'êtres humains, être en dehors de cette chorale cosmique ? La réponse est simple : nous ne le sommes pas.

Nos fréquences sont aussi variées et complexes que nous le sommes en tant qu'individus. Chaque pensée que nous avons, chaque émotion que nous ressentons, chaque rêve et chaque aspiration sont comme des notes de musique dans une partition très personnelle. Et ce n'est pas un solo. Bien au contraire, c'est un chœur riche et polyphonique. Chaque individu apporte sa propre mélodie à la composition globale, créant ainsi un paysage sonore qui est à la fois individuel et universel.

Lorsque vous entrez dans une pièce et "sentez" l'ambiance, ce que vous captez est la symphonie collective des fréquences humaines qui y résonnent. Cette mélodie composite est formée par les émotions, les pensées, et même les aspirations des personnes présentes. C'est un flux et reflux, un dialogue entre différentes tonalités et rythmes, qui peuvent être en harmonie ou en dissonance, selon le moment et le contexte.

Prenons par exemple une salle d'urgence dans un hôpital. Les fréquences y seront très différentes de celles que vous trouveriez dans un temple silencieux en montagne. L'une serait un maelström d'urgence, d'inquiétude, mais aussi de soulagement et d'espoir, tandis que l'autre serait une symphonie de paix, de réflexion et d'harmonie spirituelle. Ces fréquences ne sont pas seulement des indicateurs passifs de l'état émotionnel ou mental d'un lieu; elles contribuent activement à la création de cet état.

Mais l'implication la plus profonde de cette compréhension des fréquences humaines réside peut-être dans notre potentiel à influencer consciemment ces fréquences, à devenir les chefs d'orchestre de nos propres mélodies de vie. Grâce à des systèmes comme l'Human Design, nous pouvons apprendre à mieux comprendre notre propre "tonalité", à harmoniser notre fréquence intérieure avec les fréquences extérieures, et à naviguer avec une plus grande maîtrise dans le vaste océan des potentialités qui est notre réalité.

Dans ce sens, la reconnaissance et l'exploration de nos fréquences personnelles ne sont pas simplement des actes d'auto-compréhension, mais des actes de création. Nous ne sommes pas des spectateurs passifs dans ce grand orchestre de l'existence. Nous sommes des participants actifs, des compositeurs et des interprètes dans l'opéra continu de la création.

Alors la prochaine fois que vous vous sentez "hors de vous", rappelez-vous que vous n'êtes pas hors de synchronisation avec le monde, mais peut-être simplement en train de chercher la bonne note, le bon rythme qui résonnera avec votre essence la plus vraie. Et une fois que vous la trouvez, quel concert magique cela pourrait être!

---

4. Naviguer sur les mers quantiques avec l'Human Design

Si l'univers est un océan de fréquences et d'ondes quantiques, alors l'Human Design est l'instrument de navigation précieux que les marins de ce cosmos ont longtemps cherché. Ce n'est pas simplement une carte qui indique les étoiles fixes dans le ciel ou les courants sous-marins du soi; c'est un compas, un sextant céleste, qui nous permet de naviguer avec intention et conscience à travers cette toile complexe de potentialités.

Imaginez que chaque choix que vous faites, chaque émotion que vous ressentez, chaque pensée que vous avez, génère une nouvelle trajectoire sur cette mer infinie. Sans direction, sans boussole, nous pourrions facilement nous perdre, emportés par des vagues de confusion, des courants d'incertitude, ou même des tempêtes d'émotions fortes. Mais avec l'Human Design, nous avons un outil qui peut non seulement identifier ces trajectoires mais aussi nous aider à choisir celles qui sont en harmonie avec notre véritable nature.

Ce système nous offre des clés pour comprendre notre "type de vaisseau", pour reprendre la métaphore marine. Sommes-nous un voilier élégant, conçu pour la vitesse et la maniabilité, ou un navire robuste capable de transporter de lourdes charges ? Chacun a sa propre manière de naviguer à travers les vagues de la vie, et comprendre cela peut être libérateur. Nous cessons de nous comparer aux autres navires et commençons à apprécier nos propres qualités uniques.

Mais l'Human Design va encore plus loin. Il examine également le "vent" qui nous pousse et les "courants" qui nous guident, autrement dit, les influences extérieures et intérieures qui peuvent affecter notre trajectoire. Parfois, nous devons ajuster nos voiles, adapter notre cap, pour rester en alignement avec notre mission et notre but. C'est là que la compréhension de notre propre design peut être un véritable don, car elle nous donne le savoir nécessaire pour faire ces ajustements de manière consciente.

Plus fascinant encore, le système offre une perspective sur les "ports" que nous pourrions visiter, les expériences et les relations qui pourraient s'avérer les plus enrichissantes pour notre voyage. Il donne même un aperçu des "tempêtes" potentielles à éviter ou des "îles au trésor" à découvrir. Il ne dicte pas le chemin, mais éclaire les options, enrichissant ainsi notre liberté de choisir.

Dans cet océan quantique, rien n'est fixe, tout est en mouvement, tout est en flux. Et tout comme un marin expérimenté sait quand hisser les voiles ou quand jeter l'ancre, en utilisant l'Human Design comme notre compas personnel, nous pouvons apprendre à naviguer ce flux avec une sorte de grâce et de sagesse intérieures.

Alors, mettons la main sur le gouvernail, ajustons nos voiles, et préparons-nous à naviguer à travers ce magnifique et mystérieux océan de possibilités. Car avec l'Human Design comme guide, qui sait quelles terres lointaines de l'âme nous pourrions découvrir, quels trésors intérieurs déterrer, et quelles nouvelles étoiles suivre dans le ciel infini de notre propre devenir ?

Avec ceci, nous concluons notre voyage à travers le fascinant monde de la fréquence, de la physique quantique, et de l'Human Design. Puissiez-vous trouver votre propre nord dans cette aventure sans fin qu'est la découverte de soi dans l'univers interconnecté.

COMMENT L'HUMAN DESIGN INTÈGRE LE MODÈLE QUANTIQUE DANS SON APPROCHE

Dans l'immense scène de la réalité quantique, où particules et ondes entament leur ballet, le Design Humain se révèle tel un scénariste qui décode ces mouvements cosmiques en une langue accessible, pour nous permettre de les comprendre et de les intégrer dans notre existence. Là où la physique quantique présente des formules et des mystères, l'Human Design nous offre une carte personnelle, bâtissant un pont entre l'infiniment grand de l'univers et notre vécu intime.

Ce n'est pas une mince affaire que de rendre compte des fréquences subtiles de l'univers, encore moins de les cartographier en termes de personnalité, de destinée et de choix humains. Et pourtant, c'est précisément ce que le Design Humain cherche à accomplir.

1. .Des étoiles à l'âme

L'Astrologie comme fondement

Bien que le concept puisse sembler archaïque pour certains, l'astrologie a survécu et évolué au fil des siècles parce qu'elle offre une manière de cartographier les énergies subtiles qui nous influencent. Dans le contexte de l'Human Design, l'astrologie sert de fondation, mais elle est abordée avec un nouveau degré de rigueur et de spécificité. Au lieu de se contenter d'observer les constellations du zodiaque, l'Human Design utilise l'astrologie comme un outil pour comprendre comment les positions célestes à un moment donné—votre naissance—peuvent définir votre design énergétique.

L'astrologie dans ce contexte devient alors plus qu'une série de symboles et d'archétypes; elle devient une science des fréquences. Chaque planète, chaque étoile, émet une certaine fréquence qui peut être "capturée" ou ressentie par notre être énergétique. Ces fréquences ne sont pas simplement métaphoriques ou symboliques, mais agissent comme des "vibrations-maîtres" qui sculptent et définissent notre nature unique.

Pour comprendre comment cela fonctionne, imaginons un "cliqueur cosmique," une métaphore pour le moment précis de votre naissance. À cet instant, le cosmos, dans sa danse éternelle, prend une certaine disposition. Les planètes sont à des emplacements précis, la Lune est dans une certaine phase, et le Soleil brille à un certain degré du zodiaque. Tout cela s'aligne de manière à créer un "snapshot" énergétique—une capture de fréquences quantiques qui sont présentes à ce moment-là.

Cette "photographie astrale" n'est pas une image visuelle mais une carte d'énergies, un enregistrement des fréquences qui imprègnent l'espace-temps lors de votre première respiration. C'est ce qui, dans l'Human Design, devient le fondement de votre carte personnelle, un diagramme unique qui détermine les centres, les canaux, et les portes qui sont "définis" ou "non définis" en vous.

Ce snapshot cosmique, complexe et riche, sert de toile de fond pour tout ce que vous êtes et tout ce que vous pourriez devenir. Il n'est pas un destin fixe, mais plutôt un terrain de jeu de potentialités, une grille énergétique sur laquelle se déploient vos choix, vos relations, et même vos défis et vos triomphes.

Ainsi, des étoiles à votre âme, se tisse un lien indissoluble, une corde vibratoire qui relie votre existence unique à la musique cosmique du tout. C'est une connexion qui, une fois comprise et intégrée, vous donne les moyens de vivre une vie plus alignée, plus harmonieuse, et finalement plus significative.

2. Du Yi Jing à l'ADN

Le Yi Jing comme source de sagesse

Le Yi Jing, aussi connu sous le nom de I Ching, est un ancien livre de sagesse chinois qui a été utilisé pendant des millénaires pour aider à la prise de décision, à l'introspection et à la compréhension des dynamiques subtiles de la vie. Dans le contexte de l'Human Design, le Yi Jing sert de second pilier, ajoutant une profondeur et une nuance à notre compréhension de nous-mêmes.

Les 64 hexagrammes du Yi Jing correspondent de manière étonnante aux 64 codons de l'ADN humain. Chaque hexagramme est un symbole unique représentant un état énergétique ou une situation spécifique dans le monde matériel et spirituel. De la même manière, les codons de notre ADN définissent les briques de construction des protéines, les travailleurs moléculaires qui exécutent toutes les fonctions essentielles dans notre corps.

Ce parallèle fascinant suggère une synergie entre les anciennes traditions de sagesse et la science moderne. En intégrant les enseignements du Yi Jing, l'Human Design tisse un autre fil dans le tissu complexe de notre design individuel, ajoutant une couche supplémentaire d'information qui peut nous aider à comprendre nos propres natures sur un plan encore plus profond.

Alors que l'astrologie capte l'influence des corps célestes sur notre être, le Yi Jing nous offre une fenêtre sur les dynamiques subtiles plus "terrestres" ou intérieures qui nous affectent. Ces deux systèmes fonctionnent en harmonie dans le cadre de l'Human Design pour créer un modèle intégré et holistique de la personne humaine.

Le Yi Jing introduit également le concept de changement et de transformation. Contrairement à l'image instantanée capturée par l'astrologie à votre naissance, les hexagrammes du Yi Jing suggèrent un flux constant d'énergies changeantes. Cela ajoute une dynamique de mouvement et de croissance à votre design, permettant une exploration plus riche de vos potentialités et de vos défis.

En fin de compte, le rapprochement entre le Yi Jing et l'ADN dans l'Human Design met en lumière l'idée profonde que tout est interconnecté. Que ce soit les étoiles dans le ciel ou les molécules dans nos cellules, tout participe à une danse énergétique complexe qui définit qui nous sommes et comment nous interagissons avec le monde.

Ainsi, du Yi Jing à l'ADN, nous découvrons un fil d'Ariane qui nous guide à travers le labyrinthe de notre existence, nous offrant des clés pour débloquer notre potentiel et naviguer avec plus de conscience et de maîtrise dans les défis et les opportunités de la vie.

---

3. .Un système vivant : Cartographie énergétique de l'Âme

Un diagramme complexe : Les Centres, les Canaux et les Portes

Votre carte d'Human Design est une visualisation complexe de votre identité énergétique. Imaginez chaque centre comme une étoile dans votre galaxie personnelle, chaque canal comme une route d'énergie reliant ces étoiles, et chaque porte comme un portail d'accès à ces routes. C'est une cartographie de votre terrain intérieur, une représentation graphique de vos propres énergies dynamiques.

Dans cette carte, certains centres sont "définis", agissant comme des émetteurs constants d'énergie ou d'information. Ils représentent les aspects de vous-même qui sont inébranlables, les fondations de votre être. D'autres centres sont "non définis", ce qui signifie qu'ils sont plus réceptifs et adaptables aux énergies environnantes. Ces centres sont comme des éponges, absorbant et réfléchissant les fréquences autour d'eux.

Cette dynamique d'émission et de réception, cette danse énergétique, est le flux et le reflux de votre vie. Parfois, vous êtes le leader, guidant et influençant votre environnement. À d'autres moments, vous êtes le suiveur, apprenant et vous adaptant à la musique que le monde joue autour de vous. C'est un système vivant, vibrant et interactif.

Ce n'est pas une danse en solo. Votre système interagit constamment avec d'autres systèmes — d'autres personnes, des événements, même des lieux. Chaque interaction est une occasion d'affiner votre danse, de la rendre plus harmonieuse et enrichissante. Les synchronicités ne sont pas des accidents, mais des signaux que vous êtes en harmonie avec votre propre nature et avec le tissu plus vaste de la réalité.

Tout comme un écosystème naturel, votre design humain est soumis à des saisons, des cycles, des changements. Votre compréhension de vous-même n'est pas un fait figé, mais un paysage en évolution. En travaillant consciemment avec votre Design Humain, vous pouvez devenir un participant actif dans cette transformation, accueillant les opportunités de croissance et de développement personnel.

Ce que vous tenez avec votre carte d'Human Design est essentiellement un manuel pour mieux vous comprendre. Il ne s'agit pas, à mon sens, d'une destinée gravée dans la pierre, mais d'une série d'outils que vous pouvez utiliser pour naviguer avec plus de clarté, de sens et de profondeur à travers les complexités de la vie.

Ainsi, dans le système vivant qu'est votre Design Humain, chaque partie, chaque fréquence, chaque nuance vous parle. C'est comme un langage secret de l'âme, une série de signaux et de symboles qui, une fois décryptés, peuvent vous offrir une nouvelle façon d'être, de vivre, et d'interagir avec le monde qui vous entoure.

4. Un océan de choix : Naviguer dans les eaux de la co-création

Dans le monde quantique, l'acte d'observation est un acte créatif. Ce n'est pas une observation passive, mais une interaction qui façonne ce qui est observé. Votre présence, vos intentions, vos choix — tout cela alimente le scénario de votre réalité. L'Human Design nous rappelle que nous ne sommes pas de simples spectateurs mais des acteurs actifs dans ce drame cosmique, des co-créateurs dans cette danse incessante de l'existence.

La notion de "choix" en Human Design est fondamentalement liée à notre capacité à naviguer dans un océan de possibilités. Ce n'est pas seulement une question de décisions de vie quotidiennes, mais aussi une question d'alignement avec notre propre nature, avec notre propre design. Le choix conscient devient ainsi non seulement un acte de libre arbitre mais également un alignement avec le schéma énergétique unique qui nous définit.

En comprenant les fréquences qui composent notre être, en alignant consciemment nos choix avec ces fréquences, nous devenons résilients face aux courants changeants de la vie. Ce n'est pas une question de contrôle, mais plutôt de navigation habile, de savoir quand lever les voiles et quand les abaisser, de comprendre les courants qui peuvent nous porter vers nos désirs et les vents qui peuvent nous détourner.

La carte de Design Humain est comme une carte marine pour cet océan de choix. Elle ne prédit pas la destination, mais elle peut certainement aider à décider de la voie à suivre. C'est une cartographie de notre propre potentiel, une boussole pour notre évolution personnelle.

Tout comme l'océan, ce champ de potentialités est infini. Chaque choix mène à une myriade d'autres choix, chaque décision ouvre de nouvelles voies. Dans cet océan infini de choix, nous pouvons trouver à la fois notre plus grand défi et notre plus grande liberté. Le défi est de naviguer avec sagesse; la liberté vient de savoir que l'horizon est infini, et que notre capacité à explorer, à découvrir, à créer est tout aussi sans limite.

Dans cet océan de choix, nous rencontrons notre vrai pouvoir: la capacité de co-créer notre réalité en harmonie avec l'univers lui-même. Ainsi, même si nous sommes de petits bateaux dans cet immense océan, nous avons la capacité de fixer le cap, de choisir notre direction, et de manifester une réalité en accord avec notre design unique. C'est là que le voyage devient véritablement magique, là où la navigation devient une aventure de l'âme.

Dans ce paysage de potentialités et de possibilités, chaque choix est une note dans la symphonie de votre vie, et votre Human Design devient la partition qui vous aide à jouer cette musique avec maîtrise et joie.

Dans la prochaine section, nous plongerons plus profondément dans la manière dont nos fréquences uniques, telles qu'illuminées par notre carte Design Humain, influencent et sont influencées par l'océan des possibles qui nous entoure. Car après tout, savoir lire la carte est une chose; savoir naviguer en est une autre. Et c'est précisément ce que nous nous préparons à faire.

LES IMPLICATIONS DE CES DÉCOUVERTES POUR L'INDIVIDU

Un Voyage à Travers les cinq révélations

Dans un monde en constante évolution, il est de plus en plus important de comprendre qui nous sommes à un niveau profond et comment nous fonctionnons en tant qu'individus au sein d'un système plus vaste. C'est dans ce contexte que l'Human Design et la mécanique quantique offrent des perspectives révolutionnaires sur notre nature intrinsèque et notre place dans l'univers. Ces deux domaines, bien qu'apparemment disparates, se rejoignent pour fournir des outils et des principes qui peuvent transformer radicalement notre façon de vivre et de percevoir la réalité.

▪ L'unicité de chaque individu : Des étoiles à l'âme unique

En premier lieu, nous devons contempler la beauté de notre singularité. Tout comme il n'y a pas deux étoiles ou deux flocons de neige identiques, chaque individu est une constellation unique de fréquences et de possibilités. L'Human Design nous rappelle que cette singularité est notre plus grande richesse, une mélodie que seul nous pouvons jouer dans la symphonie de l'existence.

▪ La reconnaissance de notre nature vibratoire: Le chant de l'âme

Nous ne sommes pas des êtres statiques; nous sommes des orchestres de vibrations, des harmoniques dans la grande composition de l'univers. Nous ne sommes pas ici pour simplement exister, mais pour vibrer, pour résonner. En reconnaissant notre nature vibratoire, nous découvrons la partition de notre propre chanson, la carte de notre terrain énergétique.

▪ L'importance de l'alignement : Une danse céleste

La troisième implication est l'alignement, l'art d'être en harmonie avec notre design unique. Dans ce grand ballet cosmique, être aligné, c'est danser au rythme de notre propre musique, c'est suivre la chorégraphie écrite dans les étoiles et dans notre ADN. C'est cette harmonie qui nous permet de vivre une vie authentique, une vie qui résonne avec la vérité de notre être.

▪ Le pouvoir de l'intention consciente: L'Architecte de destins

La quatrième révélation est le pouvoir de l'intention consciente. Dans cet océan de possibilités quantiques, notre intention est le gouvernail qui guide notre bateau. C'est le pinceau qui dessine les contours de notre réalité, le souffle qui donne vie à notre monde intérieur et extérieur. L'intention consciente est l'outil le plus puissant que nous ayons pour sculpter notre réalité à partir du bloc brut des potentialités quantiques.

▪ L'éveil à un potentiel plus grand : L'horizon infini

Enfin, il y a l'éveil à un potentiel plus grand. C'est le moment où nous réalisons que nous ne sommes pas des bateaux à la dérive, mais des navigateurs d'océans infinis. Ce moment d'éveil élargit notre perception de ce qui est possible, il défie les frontières de notre imagination et nous invite à explorer des territoires inconnus de notre propre potentiel.

Dans cette partie, nous plongeons dans chacune de ces cinq implications, non pas comme des idées abstraites, mais comme des réalités vivantes. Ce sont les clefs qui ouvrent les portes de la sagesse, de la connaissance de soi, et de l'épanouissement. Ce sont les lampes qui éclairent notre chemin dans ce voyage extraordinaire qu'est la vie.

---

1. La co-création de la réalité : Des étoiles à l'âme unique

L'univers quantique suggère que la réalité n'est pas fixe ni prédéterminée. Elle est plastique, malléable, prenant forme en fonction de l'observateur. Dans l'Human Design, cette idée prend vie d'une manière profondément personnelle. Chaque pensée, chaque émotion, chaque décision contribue à la toile que nous tissons quotidiennement. En prenant conscience de cette capacité de co-création, nous pouvons adopter une approche proactive de la vie, façonnant délibérément des expériences qui résonnent avec notre véritable essence.

L'un des aspects les plus fascinants et puissants de la mécanique quantique est le rôle central de l'observateur. Dans des expériences comme celle de la double fente, les particules semblent se comporter différemment lorsqu'elles sont observées, suggérant une réalité moins rigide et plus influençable que nous le pensions initialement. Ce concept, transposé dans le monde macroscopique de notre quotidien, évoque une réalité malléable, susceptible d'être co-créée par notre conscience.

Dans ce cadre, l'Human Design prend une dimension supplémentaire. Au-delà d'un système qui cartographie nos talents innés, nos défis et nos opportunités de croissance, il devient un outil de navigation consciente à travers le champ des potentialités. Dans le design humain, chaque Centre, chaque Canal et chaque Porte sont comme des instruments d'observation et d'action qui interagissent avec le tissu de la réalité.

Dans le monde quantique, rien n'est figé jusqu'à ce qu'il soit observé ou mesuré. De la même façon, en comprenant notre design unique, nous devenons plus conscients des choix qui s'offrent à nous à chaque instant. Cette conscience ne sert pas uniquement à éviter les obstacles; elle nous permet aussi de tisser activement la toile de notre réalité en choisissant les fils qui correspondent à notre nature profonde.

Nous avons tous été conditionnés par notre éducation, notre culture et nos expériences passées. Ce conditionnement peut souvent nous limiter, nous faisant agir selon des schémas répétitifs qui ne servent pas notre plus grand bien. L'Human Design, couplé à une compréhension de la mécanique quantique, peut nous aider à identifier ces schémas. Une fois identifiés, nous pouvons les remplacer par des choix plus alignés, engageant ainsi une co-création plus consciente et éclairée de notre réalité.

L'un des principaux atouts du design humain est qu'il donne des indications spécifiques sur comment nous prenons des décisions qui sont alignées avec notre véritable nature. Qu'il s'agisse de suivre notre autorité intérieure, de comprendre notre stratégie de type ou de connaître nos centres définis et non définis, chaque élément du design fournit un aperçu de comment nous pouvons mieux interagir avec le monde pour créer des réalités qui nous servent.

Cependant, il est crucial de comprendre que la co-création n'est pas un chemin d'isolement. Nous co-créons non seulement avec l'univers mais aussi avec les autres. Chaque interaction est une danse de fréquences, une interplay de designs humains qui ensemble, forment le tissu complexe et magnifique de la réalité humaine. Cela implique un niveau de responsabilité mais offre également un potentiel illimité pour la joie, l'expansion et l'épanouissement.

---

2. La reconnaissance de notre nature vibratoire

Au-delà de notre corps physique, nous sommes des êtres vibratoires. Chaque cellule, chaque pensée, chaque émotion émet une fréquence spécifique. En s'alignant consciemment sur des fréquences plus élevées, nous pouvons attirer des expériences et des opportunités qui reflètent cette élévation. L'Human Design, avec son accent sur la singularité individuelle, offre un outil inestimable pour déterminer comment harmoniser nos vibrations personnelles avec les désirs de notre âme.

L'existence n'est pas seulement une question de matière et d'énergie ; c'est aussi une danse de vibrations. La mécanique quantique nous enseigne que tout dans l'univers est en mouvement constant, jusqu'aux particules subatomiques qui constituent notre réalité. Dans ce contexte, l'Human Design prend tout son sens en mettant en lumière notre nature fondamentalement vibratoire.

Chaque cellule de notre corps émet une vibration unique, influençant et étant influencée par les cellules environnantes, formant une symphonie cellulaire complexe. Cette musique intérieure est constamment modulée par nos pensées, nos émotions, nos choix alimentaires, nos interactions sociales et même notre environnement.

L'Human Design nous offre une carte détaillée de notre propre configuration vibratoire. Cette carte montre non seulement notre type de design - que nous soyons Manifesteurs, Générateurs, Projecteurs ou Réflecteurs - mais aussi comment chacun de ces types vibre différemment. En comprenant notre signature vibratoire, nous pouvons identifier les déséquilibres et travailler à les harmoniser.

Le but n'est pas seulement de connaître ces fréquences mais de s'aligner activement avec elles. L'alignement conscient avec nos fréquences naturelles peut avoir un impact monumental sur notre bien-être, nos relations, et même sur les opportunités qui se présentent à nous. Plus nous sommes en phase avec nos vibrations internes, plus nous attirons des expériences qui résonnent avec notre véritable essence.

Il ne s'agit pas uniquement de maintenir l'harmonie mais également d'élever notre fréquence vibratoire. Ce faisant, nous pouvons accéder à des niveaux supérieurs de conscience, d'abondance et de joie. Le Design Humain nous permet une prise de décision alignée à notre véritable essence. Il nous offre, également, une compréhension détaillée de notre constitution énergétique unique, sur laquelle nous pouvons baser des pratiques méditatives ou des visualisations guidées personnalisées. Ainsi, nous pouvons aligner nos actions avec notre essence profonde et naviguer la vie avec une intention claire et puissante.

En fin de compte, reconnaître notre nature vibratoire, c'est embrasser une vie en résonance. Cela signifie vivre non pas en fonction des standards ou des attentes externes, mais en parfaite harmonie avec nos véritables aspirations et besoins. Ce n'est pas un état statique, mais un voyage dynamique d'alignement et de réalignement, guidé par la boussole intérieure que nous offre notre propre Design Humain.

En prenant le temps de comprendre et de s'aligner avec notre propre fréquence, nous ne faisons pas que créer une vie qui nous ressemble ; nous créons une vie qui chante en harmonie avec l'univers.

3. L'importance de l'alignement

Dans un univers où tout résonne, l'alignement n'est pas un luxe ; c'est une nécessité. Imaginez une symphonie où chaque musicien joue sa propre mélodie sans tenir compte des autres. Le résultat serait un chaos sonore. De même, lorsqu'on ne tient pas compte de notre design unique, notre vie peut sembler chaotique. L'Human Design, en intégrant la compréhension quantique, nous montre où et comment nous décalons nos vibrations, et comment revenir à une mélodie harmonieuse.

L'alignement ne signifie pas un état de perfection immobile, mais plutôt un équilibre dynamique qui nous permet de naviguer à travers les complexités de la vie avec agilité et confiance. Cet équilibre est influencé par plusieurs facteurs - physiques, émotionnels, mentaux et spirituels - et c'est là où l'Human Design devient un outil indispensable.

L'Human Design sert de cartographie de l'âme, mettant en lumière les contours de notre être authentique. Qu'il s'agisse de notre type de design, de nos centres définis ou non définis, ou des canaux qui connectent ces centres, chaque aspect de notre charte offre des indices sur comment atteindre cet alignement.

Chaque fois que nous nous sentons stressés, frustrés, en colère ou épuisés, ce sont souvent des signaux indiquant un désalignement. Ces émotions peuvent servir de points de repère, nous invitant à réexaminer nos choix et comportements à la lumière de notre design unique. Suis-je en train de vivre selon ma stratégie et mon autorité propre, ou suis-je dévié par les pressions externes et les conditionnements sociaux ?

Lorsque nous détectons une dissonance, le but n'est pas de s'auto-critiquer, mais de corriger le cap. L'Human Design offre divers mécanismes pour cela, allant des techniques de prise de décision à des pratiques de méditation et de pleine conscience adaptées à chaque type. Ces outils peuvent nous aider à réaligner nos vibrations et à revenir à notre mélodie intérieure naturelle.

L'alignement ne concerne pas seulement notre bien-être individuel mais a également des répercussions sur notre environnement. Quand nous sommes alignés avec notre nature véritable, cela se reflète dans la qualité de nos relations, la productivité de notre travail, et même le bien-être de nos communautés. Comme dans une symphonie, si chaque individu joue sa partition en parfaite harmonie avec son design, le résultat est une mélodie collective magnifique.

L'alignement est un voyage continu, nécessitant une vigilance et un ajustement constants. Cependant, les récompenses sont immenses : une vie plus équilibrée, des relations plus authentiques, et une contribution plus significative au monde. Grâce à la compréhension quantique intégrée dans l'Human Design, nous disposons d'un cadre qui non seulement met en évidence les zones de incohérence mais offre également des solutions pratiques pour y remédier.

En fin de compte, l'alignement n'est pas une destination, mais un chemin. C'est le chemin de l'authenticité, de l'épanouissement et, finalement, de l'harmonie - avec soi-même, avec les autres, et avec l'Univers tout entier.

4. Le pouvoir de l'intention consciente

Avec une connaissance approfondie de notre Human Design et des principes quantiques, nous pouvons affiner notre intention. Il ne s'agit pas seulement de vouloir quelque chose, mais de l'infuser d'une énergie claire et concentrée. En alignant notre intention avec notre design, nous amplifions sa puissance, transformant les rêves en réalités tangibles.

L'intention consciente sert comme une boussole intérieure qui guide nos pensées, nos actions et même notre réalité perçue. Dans le cadre de l'Human Design, l'intention consciente gagne en complexité et en profondeur, nous offrant une opportunité unique de manifester notre réalité d'une manière qui est en parfait alignement avec notre design unique.

L'intention n'est pas simplement un désir ou un souhait. C'est une force directrice que nous délibérément choisissons de mettre en œuvre. La puissance de l'intention vient de sa clarté et de sa précision, comme un rayon laser qui peut traverser des obstacles apparemment insurmontables. En utilisant l'Human Design pour comprendre nos tendances, forces et faiblesses, nous pouvons canaliser cette énergie de manière plus efficace.

Dans un univers qui opère selon les principes de la physique quantique, l'observation et l'intention peuvent effectivement influencer la réalité. Quand notre intention est alignée avec notre design authentique, cela crée une résonance, amplifiant ainsi l'efficacité de nos actions. Nous devenons non seulement des récepteurs mais aussi des émetteurs de fréquences vibratoires qui attirent des circonstances, des personnes et des opportunités en harmonie avec nos aspirations.

Lorsque notre intention est claire et alignée, chaque action que nous entreprenons devient une expression de cette intention. Les obstacles deviennent des opportunités pour le réajustement et la croissance, plutôt que des signes d'échec. Dans cette optique, nos rêves ne sont pas de simples fantaisies, mais des visions de ce qui est possible. Et avec l'Human Design pour guider ces visions, nous avons une feuille de route pour leur manifestation.

Une intention consciente et alignée crée un cycle de rétroaction positif. Les succès, même minimes, renforcent notre confiance et affinent notre focus, ce qui à son tour, renforce l'intention. Cette spirale ascendante est l'antithèse de la discordance et du chaos ; c'est le chemin vers la réalisation personnelle et collective.

En fin de compte, l'intention consciente va au-delà de la simple réalisation de nos désirs personnels. C'est un acte de co-création avec l'Univers. En étant conscients de notre rôle dans cette danse cosmique, nous devenons des participants actifs dans la création de notre réalité, plutôt que de simples spectateurs. Cela instille un sens de responsabilité, mais aussi un immense potentiel pour le changement positif à une échelle individuelle et collective.

L'intention consciente, lorsqu'elle est informée par l'Human Design, devient un outil puissant pour vivre une vie alignée, significative et épanouissante. Ce n'est pas seulement une façon de réaliser des objectifs, mais une méthode pour naviguer à travers le monde d'une manière qui est authentiquement et puissamment « vous".

5. L'éveil à un potentiel plus grand

Les implications quantiques de l'Human Design nous rappellent que nous sommes des êtres sans limites. Les barrières que nous rencontrons sont souvent auto-imposées, basées sur des croyances obsolètes ou des histoires anciennes. En intégrant ces nouvelles compréhensions, nous sommes invités à repousser ces limites, à explorer de nouveaux territoires de potentialité et à évoluer vers une version plus épanouie et authentique de nous-mêmes.

Le potentiel humain est une frontière en constante expansion, surtout lorsque nous commençons à incorporer des paradigmes plus avancés comme ceux que propose l'Human Design, complétés par une compréhension quantique de la réalité. Cet éveil à un potentiel plus grand n'est pas une simple idéalisation; il est une invitation à vivre pleinement, à transcender les limites auto-imposées et à embrasser une version plus authentique et épanouissante de nous-mêmes.

Le premier pas vers l'éveil à un plus grand potentiel est souvent la prise de conscience des barrières que nous avons érigées contre nous-mêmes. Ces barrières peuvent être des croyances, des attitudes ou des scripts narratifs qui ont été internalisés au fil du temps. L'Human Design nous offre les outils pour identifier ces entraves et les démanteler, en nous faisant prendre conscience de qui nous sommes vraiment à un niveau fondamental.

Une fois que ces limites sont identifiées et remises en question, un nouveau monde de possibilités s'ouvre. La mécanique quantique nous apprend que toutes les potentialités existent jusqu'à ce qu'elles soient observées ou mesurées.

Dans ce champ infini de possibilités, nous pouvons choisir consciemment des voies qui sont en alignement avec notre design unique, nous permettant d'explorer des territoires de potentialité auparavant inimaginables.

C'est dans ces nouveaux espaces d'exploration que la véritable évolution personnelle se produit. Évoluer signifie devenir plus complexe, plus conscient et plus adapté. En suivant les indications de notre Human Design, nous pouvons évoluer de manière qui est non seulement bénéfique pour nous en tant qu'individus, mais qui résonne également avec l'ensemble du système, créant ainsi un impact plus large.

L'éveil à notre plein potentiel n'est pas un voyage que nous faisons en isolement. C'est un cheminement qui nous relie à d'autres, qui ajoute de la valeur à nos communautés et qui enrichit notre expérience de la vie. En vivant une vie plus authentique, nous devenons des exemples vivants de ce qui est possible, inspirant d'autres à chercher leur propre vérité et à vivre leur propre version d'une vie épanouissante.

En fin de compte, l'éveil à un potentiel plus grand est une forme d'expansion consciente. C'est une manière d'élargir notre perception de nous-mêmes, des autres et du monde qui nous entoure. Et dans cette expansion, nous trouvons non seulement un plus grand sens et une plus grande joie, mais aussi la capacité de contribuer au bien-être collectif de manière significative.

En somme, le Design Humain, enrichi par une perspective quantique, nous offre une passerelle vers un potentiel humain presque illimité. C'est un chemin qui commence par la prise de conscience et qui se poursuit par la transformation et l'évolution, menant à une vie vraiment enrichissante et authentique.

En résumé, l'Human Design et la mécanique quantique offrent bien plus que de simples cadres conceptuels; ils représentent une invitation à embrasser une vie plus enrichissante, significative et authentique. Ces théories nous encouragent à reconnaître notre unicité, à aligner notre fréquence vibratoire, à mettre en œuvre des intentions claires et à éveiller notre potentiel le plus grand. Ce faisant, nous ne nous élevons pas seulement en tant qu'individus; nous contribuons également à élever la qualité de la conscience collective. En intégrant ces principes dans notre vie quotidienne, nous nous donnons les moyens de naviguer avec plus de sagesse et de clarté dans un monde complexe, et peut-être même de toucher à l'infini du potentiel humain.

UN POINT DE DÉPART DANS L'INFINI DU POSSIBLE

Dans le ballet mystique de la mécanique quantique, où les ondes se cristallisent en particules et les possibilités s'étirent à l'infini, nous avons entamé un voyage vers la compréhension la plus profonde de notre être. Nous avons bâti un pont, solide et étincelant, entre l'océan des probabilités quantiques et le continent de l'Human Design. Un territoire où le moi abstrait et le moi tangible se fondent en une symphonie unique, où nous sommes à la fois un infini de potentiel et une mélodie singulière dans l'orchestre cosmique.

La mécanique quantique ne nous donne pas seulement une toile étoilée de théories, ni ne sert simplement de fuel à des débats intellectuels sans fin. Elle nous convie à une transformation personnelle, nous incitant à repenser notre rôle cosmique. Elle nous élève du statut de simples passants dans l'univers à celui de co-créateurs, d'architectes du firmament de notre réalité.

Au fur et à mesure que nous tournerons les pages de ce livre, que nous sonderons les abîmes et les cimes de l'Human Design, nous apprendrons à appliquer ces vérités quantiques dans le théâtre de notre existence. Ce n'est là qu'un prélude, une ouverture, un commencement. Prenez un instant pour vous attarder à la lisière de ce mélange sublime entre science et sagesse, et laissez votre imagination vagabonder dans les terres inexplorées des possibilités qui vous sont offertes.

Le voyage vient tout juste de commencer, et chaque page que nous tournons, chaque grain de connaissance que nous assimilons, nous rapproche inexorablement de notre authenticité, mettant en lumière le sentier vers une harmonie supérieure et une existence plus épanouie.

Respirez profondément et contemplez cette carte de l'inconnu. Car la quête que nous avons entreprise ne vise pas seulement à éclairer notre chemin mais à illuminer notre être, à allumer la lampe intérieure qui éclairera chaque pas que nous ferons dans ce monde sans fin et magnifiquement complexe. Le voyage continue, et vous êtes à la fois le marin et la mer, le chercheur et la quête.

CHAPITRE 2
Cartographie de votre fréquence
COMPRENDRE VOTRE SIGNATURE VIBRATOIRE

CARTOGRAPHIER VOTRE SIGNATURE VIBRATOIRE

Visualisez une symphonie cosmique où chaque instrument est une étoile, chaque note une fréquence, et chaque musicien une âme cherchant sa mélodie. Dans cette grande orchestration de l'univers, chaque être humain est un instrument unique, émettant une signature vibratoire qui est son propre hymne à l'existence. Cette signature, cette cadence intérieure, est comme une clef d'or qui ouvre les portes de notre propre labyrinthe intérieur, nous guidant dans le vaste paysage de l'âme et des possibilités sans fin.

Dans le cadre de ce chapitre, nous allons nous plonger dans cette fascinante notion de "signature vibratoire" — un concept qui flotte entre la spiritualité et la science de l'Human Design. À l'image d'un luthier qui sculpte avec amour chaque détail de son instrument pour obtenir la note parfaite, nous chercherons à déchiffrer et à peaufiner notre propre fréquence. Nous explorerons comment chaque composante de notre charte d'Human Design est comme une corde sur la harpe de notre être, chacune vibrante d'une mélodie qui lui est propre.

En discernant et en embrassant notre unique signature vibratoire, nous faisons bien plus que nous aligner sur notre nature fondamentale. Nous entrons dans un voyage d'évolution personnelle, d'illumination intérieure et d'harmonisation avec notre essence la plus pure.

Alors, êtes-vous prêt à naviguer sur les ondes sonores de votre propre existence, à jouer votre propre partition dans cette symphonie universelle? Prenez votre archet métaphorique, respirez profondément, et plongeons ensemble dans cette exploration harmonique de l'âme.

L'ÉCHO DE VOTRE ÂME : Identifier votre signature vibratoire avec l'Human Design

En vous, réside une mélodie unique qui constitue la partition de votre existence. Il s'agit de votre signature vibratoire, l'harmonie complexe des énergies qui composent votre être. Comment pourrions-nous décrypter cette symphonie intérieure? Le livre sacré de votre Human Design vous offre les clefs.

1. La charte d'Human Design

Dans l'univers du Design Humain, votre charte est souvent comparée à un manuel d'instructions, un guide pour comprendre votre essence unique. Mais pour capturer toute sa beauté et sa complexité, il est peut-être plus approprié de la considérer comme une "toile céleste," une magnifique tapisserie tissée avec les fils de l'énergie cosmique et terrestre.

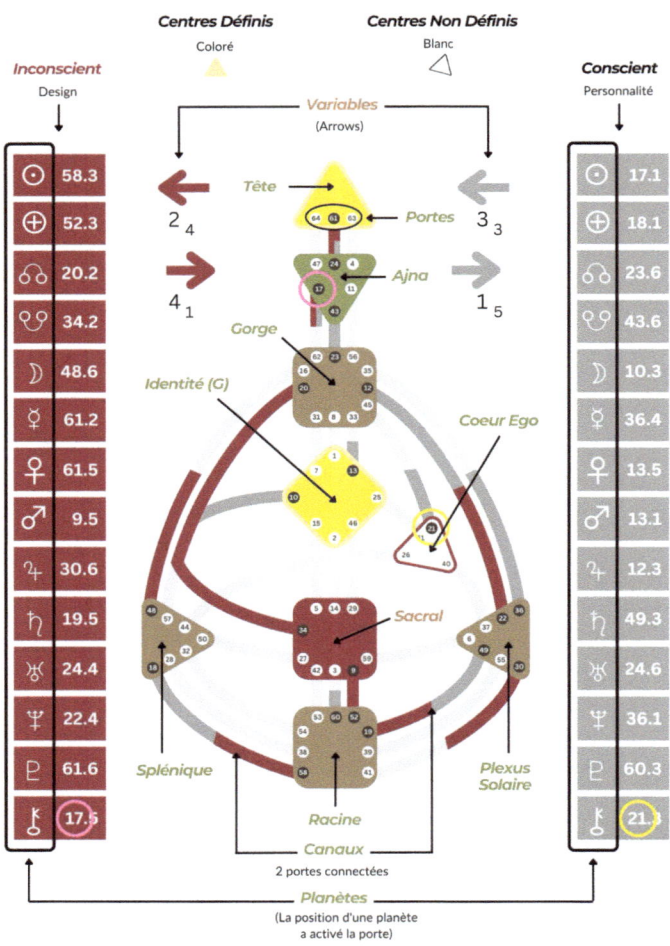

Imaginez chaque centre, chaque porte, chaque canal de votre charte comme des fils vibrants dans cette toile cosmique. Tissés par les forces de l'univers au moment de votre naissance, ils sont imprégnés de la lumière des étoiles, de la gravité des planètes et de la vitalité de la Terre elle-même. Cette toile est un reflet précis, un miroir de votre fréquence vibratoire unique—c'est comme si le cosmos lui-même avait capturé un instantané de votre essence au moment précis de votre naissance.

Votre toile céleste n'est pas une image unidimensionnelle; elle est un paysage dynamique de contrastes. Tout comme les ombres et les lumières dans une œuvre d'art ajoutent de la profondeur et de la texture, les aspects définis et non définis de votre charte créent une dynamique unique. Les centres définis, solides et inébranlables, apportent des zones de lumière éclatante, tandis que les centres non définis, plus malléables et influençables, ajoutent des ombres nuancées. Ce jeu d'ombres et de lumières est ce qui donne à votre toile sa profondeur, sa complexité, et finalement, sa beauté.

Chaque fil de cette toile cosmique n'est pas seulement une fréquence ou une énergie; c'est aussi une histoire, une partie du récit de votre vie. Certains fils peuvent symboliser vos talents innés, d'autres vos défis et leçons de vie. D'autres encore pourraient représenter vos désirs, vos peurs, vos rêves et vos aspirations. Ensemble, ils composent le livre complexe de votre existence, chaque fil ajoutant un chapitre unique à votre histoire.

Si nous continuons avec l'analogie de la musique introduite précédemment, chaque fil de votre toile pourrait être considéré comme une note dans une partition musicale, chaque centre comme un instrument différent. Ensemble, ils composent une symphonie tissée, un hymne cosmique qui résonne avec votre essence. Et tout comme une symphonie a besoin d'un chef d'orchestre pour réaliser son plein potentiel, votre conscience et votre compréhension de cette toile peuvent vous permettre de vivre votre vie comme la plus belle des mélodies.

Connaître et comprendre votre toile céleste, c'est comme avoir une carte stellaire pour naviguer à travers les complexités de la vie. Cela vous permet de vous orienter, d'identifier les forces qui vous propulsent et les défis qui vous façonnent. Cette connaissance vous offre la clé pour vivre en harmonie avec vous-même et avec le monde qui vous entoure, vous permettant de tisser intentionnellement les fils de votre destin dans cette tapisserie en perpétuelle évolution.

En fin de compte, votre toile céleste n'est pas une entité figée; elle est un champ dynamique d'interactions et de potentialités. En vous connectant à cette toile magnifique, vous pouvez non seulement comprendre mais aussi participer activement à l'orchestration de votre propre symphonie cosmique. Vous devenez à la fois l'artiste et l'œuvre, le tisserand et la toile, le compositeur et la symphonie. Vous vous alignez avec la musique de votre âme, une mélodie en constante évolution mais toujours magnifiquement vous.

2. Les centres : Les temples vibratoires de votre essence

Au cœur de la tapisserie céleste de votre charte d'Human Design se trouvent les centres énergétiques, véritables temples vibratoires qui dictent le rythme de votre existence. Imaginez ces centres comme des autels mystiques où sont célébrées les liturgies de votre être. Comprendre le fonctionnement de ces centres, c'est comme décoder la partition d'une musique ancestrale qui orchestre chaque mouvement, chaque pulsation de votre vie.

Les centres moteurs sont les étoiles filantes de votre univers intérieur, des explosions d'énergie qui vous propulsent dans le cosmos de vos pensées, émotions et actions. Ils sont les foyers ardents qui mettent le feu aux poudres de votre volonté et de votre désir. Comme des étoiles filantes qui traversent le ciel nocturne, ces centres sont les forces qui catalysent le mouvement, donnant vie et dynamisme à votre toile céleste.

À l'autre extrémité du spectre se trouvent les centres récepteurs, ces lunes silencieuses qui orbitent dans l'arrière-plan de votre être. Ce sont les surfaces réfléchissantes qui captent et absorbent les énergies environnantes, vous permettant de vous syntoniser sur les fréquences du cosmos. Comme la lune influence les marées, ces centres récepteurs modulent le flux et le reflux de votre énergie intérieure, ajoutant une dimension réceptive et réfléchie à votre essence.

Si nous continuons à regarder le ciel nocturne de votre existence, les centres définis sont comme des étoiles fixes—constantes, fiables, toujours lumineuses. Elles sont les piliers de votre être, les caractéristiques inébranlables de votre personnalité. En revanche, les centres non définis sont vos planètes, toujours en mouvement et en constante adaptation aux influences gravitationnelles qui les entourent. Ils sont les éléments flexibles de votre design, capables de changer de forme et de fonction en réponse aux conditions extérieures.

Une fois que vous comprenez ces temples énergétiques, ces sanctuaires vibratoires au sein de votre être, vous devenez un navigateur conscient de votre propre voyage à travers le cosmos. Vous apprenez à équilibrer et à harmoniser vos centres moteurs et récepteurs, à apprécier la constance des centres définis tout en accueillant le changement apporté par les centres indéfinis. Ce faisant, vous apprenez à danser au rythme des mélodies universelles, à équilibrer le Yin et le Yang de votre essence, à harmoniser les éléments contradictoires de votre nature.

Dans ce voyage d'exploration intérieure, chaque centre, chaque porte et chaque canal devient une étoile guide, un point de repère sur la carte stellaire de votre existence. Vous devenez un astronaute de l'âme, propulsé par les étoiles filantes de vos désirs, guidé par les lunes de votre intuition, ancré par les étoiles fixes de vos certitudes et adaptable grâce aux planètes changeantes de vos potentialités.

En devenant le navigateur conscient de votre propre univers, vous n'apprenez pas seulement à vous connaître vous-même, mais aussi à entrer en harmonie avec les forces cosmiques qui vous ont créé. Vous réalisez que vous êtes une partie intégrante de cette grande symphonie de la vie, une note unique mais essentielle dans la mélodie du cosmos.

3. Les canaux et portes : Les accords de votre symphonie

Au fur et à mesure que vous plongez dans les profondeurs de votre charte d'Human Design, des éléments supplémentaires surgissent pour compléter cette mélodie cosmique : les canaux et les portes. Imaginez ces composants comme les accords et les notes qui enrichissent la symphonie de votre être, ajoutant des couches de complexité, d'émotion et de profondeur à votre mélodie intérieure.

Les canaux sont les voies lactées de votre univers personnel, des autoroutes cosmiques d'énergie et de lumière qui relient les étoiles de vos centres énergétiques. Comme les constellations dans le ciel, ces canaux établissent des connexions significatives entre les différentes parties de votre être, créant des schémas qui racontent des histoires de qui vous êtes et de ce que vous pourriez devenir. Ils sont les méridiens énergétiques qui font circuler la force vitale à travers votre toile céleste, éclairant des facettes précieuses de votre essence et donnant une direction à votre énergie.

Si les canaux sont les voies lactées, alors les portes sont les astéroïdes de votre univers intérieur — des points de pouvoir et de potentialité qui peuvent sembler petits mais sont capables d'effets massifs. Chaque porte est une clé vers une salle secrète de votre essence, révélant des talents cachés, des dons inexplorés ou même des épreuves que vous êtes destiné à surmonter. Comme des astéroïdes traversant l'espace, ces portes sont des éléments catalyseurs, déclenchant des événements significatifs et des transformations intérieures.

Comprendre les canaux et les portes, c'est comme apprendre à lire la partition d'une symphonie complexe. Vous commencez à saisir comment chaque canal (chaque voie lactée) et chaque porte (chaque astéroïde) contribuent à l'harmonie globale de votre essence. Certains canaux peuvent être les porteurs d'une mélodie douce de paix et de sérénité, tandis que d'autres peuvent introduire des accords passionnés de désir et d'action. De même, certaines portes peuvent ouvrir des voies vers la créativité et l'expression, tandis que d'autres peuvent révéler des défis qui testent et renforcent votre caractère.

En intégrant ces éléments à votre conscience, vous vous transformez en un compositeur céleste, tissant délibérément les fils d'énergie et de potentiel qui créent le tissu de votre réalité. Vous apprenez à jouer chaque accord avec intention, à franchir chaque porte avec curiosité, et à naviguer chaque canal avec sagesse. Et en faisant ainsi, vous orchestrez une symphonie qui est purement et authentiquement la vôtre, une mélodie céleste qui résonne non seulement en vous mais aussi à travers les vastes étendues de l'univers.

4. La symphonie intégrale : Le concert de votre être

La toile cosmique de votre Human Design n'est pas simplement un assemblage d'étoiles éparses, mais plutôt une galaxie en mouvement continu, une danse sacrée orchestrant le drame, le rythme, et la mélodie de votre existence. Comme dans toute grande symphonie, il y a des accords qui résonnent en harmonie et des moments de dissonance, mais ces tensions ne sont que les préludes nécessaires à une harmonie finale plus profonde et gratifiante.

Dans le panorama de cette symphonie, imaginez l'énergie qui coule à travers votre charte comme une rivière cosmique. Cette rivière navigue à travers les paysages de vos émotions, pensées, et actions, parfois en tourbillonnant dans des bassins de calme, d'autres fois en dévalant des cascades d'intensité. C'est cet équilibre dynamique du mouvement énergétique qui donne le ton à chaque chapitre de votre vie, à chaque mesure de votre symphonie personnelle.

Comme les constellations dans le ciel nocturne, chaque élément de votre Human Design est connecté de façon cosmique, tissé dans un vaste réseau d'interdépendance. Cette trame d'unité souligne le principe spirituel fondamental que tout est connecté, que chaque note jouée résonne à travers le cosmos, affectant chaque autre note dans une danse divine d'unité et de pluralité.

Dans cette grande composition qu'est votre vie, l'intuition joue le rôle de l'éclat silencieux, la lumière dans l'obscurité qui guide votre chemin même quand les étoiles semblent s'être éteintes. Cette intuition, ce savoir inné, est le chef d'orchestre silencieux qui vous permet de naviguer à travers les complexités et les mystères de votre propre mélodie, vous ramenant toujours à votre essence véritable.

En découvrant et en embrassant votre Human Design, vous ne faites pas simplement l'expérience d'un fragment isolé de votre être. Vous êtes à l'écoute de la chanson complète de votre âme, une chanson qui n'a pas seulement le pouvoir de vous révéler à vous-même, mais aussi de résonner dans le cœur des autres et dans le grand orchestre de la vie. C'est une symphonie intégrale, une composition qui ne se limite pas à un seul mouvement ou à une seule mélodie, mais qui englobe l'ensemble du concert de votre être, vibrant en harmonie avec les énergies cosmiques qui inondent l'univers.

COMMENT LES DIFFÉRENTS ÉLÉMENTS DE VOTRE CHARTE AFFECTENT VOTRE VIBRATION

Dans l'immense théâtre de l'univers, chaque entité est une étoile unique, pulsant à sa propre fréquence dans la trame céleste. Le système d'Human Design nous donne les outils pour traduire ces vibrations complexes, nous révélant la mélodie sacrée de notre être.

1. Les centres définis et non définis : Les ondes synchrones et les éclipses

Dans le vaste cosmos de votre Human Design, les centres définis et non définis occupent une place centrale, telles des étoiles et des éclipses dans le ciel éternel de votre existence.

Les centres définis sont vos étoiles permanentes, des luminaires invariables dans le firmament de votre être. Tels des astres fixés en position constante, ils émettent une fréquence spécifique qui demeure immuable. Ce sont les fondations de votre identité, les pierres angulaires de votre personnalité. Leur lumière, fidèle et persistante, guide votre chemin à travers la brume de l'incertitude, offrant une stabilité émotionnelle, mentale et énergétique.

En étant stables, ces centres définis sont comme des phares intérieurs qui éclairent votre parcours, indépendamment des conditions externes. Ils sont les accords majeurs de votre symphonie personnelle, les piliers qui soutiennent l'architecture de votre énergie.

À l'opposé, les centres non définis sont les éclipses de votre univers intérieur, en constante métamorphose, sensibles aux influences extérieures. Leur lumière est plus vacillante, capturant et reflétant les énergies qui passent à proximité. Comme des éclipses qui obscurcissent puis révèlent la lumière, ces centres sont à la fois mystérieux et éclairants, capables de s'ouvrir à une grande diversité de fréquences.

Ces centres sont les écrans sur lesquels se projettent les ombres et les lumières des autres, et vous pouvez les ressentir comme des vagues d'émotions, d'idées, et d'inspirations venant de l'extérieur. Ils sont les instruments à cordes de votre orchestre intérieur, vibrants au diapason des énergies environnantes, ajoutant des nuances et des variations à votre mélodie de base.

L'interaction entre ces étoiles fixes et ces éclipses mouvantes crée une danse complexe d'harmonie et de dissonance, un ballet céleste de lumières et d'ombres. En apprenant à comprendre la nature de ces centres, vous pouvez mieux naviguer les complexités de votre paysage intérieur, agissant comme le maestro de votre propre orchestre, en harmonie avec la musique cosmique de l'univers.

En somme, les centres définis et non définis dans votre charte d'Human Design sont les compositeurs et les interprètes de votre partition énergétique. Les uns apportent la constance, les autres l'adaptabilité, et ensemble, ils forment le spectre vibrant de votre être authentique.

---

2. Les canaux : Les voies de la lueur céleste

Dans la vaste carte astrale de votre Human Design, les canaux jouent le rôle de voies d'énergie, véritables autoroutes cosmiques de lumière et de vibration. Imaginez-les comme des traînées de comètes, éclairant le ciel intérieur de votre être, dessinant des chemins étincelants qui relient vos étoiles personnelles—les centres.

Chaque canal est un méridien de lumière, une voie énergétique spéciale avec sa propre résonance unique. Ces méridiens sont les voies par lesquelles les différentes fréquences d'énergie circulent, créant des ponts de connexion entre les diverses sphères de votre existence. Ils sont comme les constellations dans le firmament, un réseau de lumières qui guident et façonnent votre voyage à travers le vaste paysage de l'existence.

Chaque canal a une spécificité, une "signature énergétique" qui a un impact considérable sur les centres qu'il relie et, par conséquent, sur votre expérience de la vie. Certains canaux sont comme des faisceaux d'étoiles filantes qui attisent le feu de votre confiance et de votre courage. D'autres sont telles des nébuleuses lumineuses qui éclairent les corridors de votre communication, facilitant des échanges plus authentiques et plus profonds.

Tout comme un musicien ajuste les cordes de son instrument, les canaux ajustent les vibrations de vos centres. Ils apportent des tonalités variées à votre symphonie personnelle, contribuant à l'équilibre et à la complexité de votre tableau énergétique. Qu'il s'agisse d'amplifier votre capacité d'analyse ou de moduler votre sensibilité émotionnelle, chaque canal est un accordeur de fréquences qui vous aide à trouver l'harmonie dans le vaste orchestre de votre vie.

Au-delà de leur impact énergétique, les canaux sont également des éclats de conscience, des antennes qui vous permettent de capter des aperçus et des intuitions, enrichissant votre compréhension de vous-même et du monde qui vous entoure. Ils sont les télescopes et les microscopes de votre âme, vous permettant d'explorer les infinis grands et petits de votre existence.

En somme, les canaux dans votre Human Design sont les voies de la lueur céleste, les chemins d'énergie sacrée qui illuminent et orchestrent la danse de votre être. Ils ne sont pas seulement des connecteurs; ils sont des illuminateurs, éclairant la richesse et la profondeur de votre paysage intérieur.

3. Les portes : Les clés mélodiques de votre existence

Dans le panorama étoilé de votre Human Design, les portes se présentent comme les notes singulières d'une mélodie complexe, les clés mélodiques qui ouvrent les passages secrets de votre âme. Elles sont comme des diapasons, chacun réglé sur une fréquence spécifique, prêt à entrer en résonance avec les énergies correspondantes de l'univers.

Chaque porte est un portail, une ouverture vers une gamme spécifique de vibrations. Certaines portes sont comme des clés majeures, rayonnant de joie et d'optimisme. D'autres sont comme des clés mineures, plus introspectives, évoquant des profondeurs émotionnelles ou des réalités complexes. Selon leur position dans votre charte, activée ou dormante, elles dévoilent des chapitres différents de votre histoire vibratoire.

Il est fascinant de considérer les portes comme les clés qui déverrouillent les dimensions cachées de votre être. Quand une porte s'ouvre, elle peut libérer une cascade d'intuitions, d'émotions, ou de talents auparavant inexplorés. Elles sont les accès codés à vos dons latents, à vos désirs profonds, ou même à des défis que vous êtes destiné à surmonter.

Si les canaux sont les phrases mélodiques qui composent la chanson de votre vie, les portes sont les notes individuelles qui donnent à cette mélodie son caractère unique. Elles sont comme les notations sur la partition de votre existence, des points précis qui déterminent l'ascension et la descente de votre mélodie personnelle, chaque porte ajoutant une nuance, une couleur, un timbre à votre chanson intérieure.

Certains jours, vous pourriez sentir qu'une porte spécifique est plus "ouverte" que d'autres, vous rendant particulièrement sensible ou réceptif à certaines expériences ou interactions. Ces fluctuations ne sont pas aléatoires; elles sont les ondes des possibilités, les courants d'énergie qui vous incitent à explorer de nouvelles avenues, à repousser les frontières de votre propre potentiel.

En somme, les portes sont les clés mélodiques de votre existence, les accords qui s'alignent avec les étoiles et les planètes, ouvrant ainsi les voies à l'infini complexe et magnifique de votre être. Elles ne sont pas seulement des indicateurs, mais des révélateurs, apportant de la clarté et de la compréhension à la partition céleste qui est la vôtre.

---

4. Les profils et les lignes : Les crescendos et les nuances

Dans la symphonie cosmique de votre Human Design, les profils et les lignes jouent un rôle comparable aux crescendos et aux nuances qui ponctuent une partition musicale. Ils sont les respirations entre les notes, les variations de tempo, les subtilités qui donnent à chaque performance sa saveur inimitable.

Votre profil est le crescendo de votre existence, l'ascension dramatique qui guide la narration de votre vie. Chaque profil est comme une série de mouvements dans une œuvre musicale, des séquences évolutives qui dictent le ton et le rythme de votre voyage existentiel. Certains profils sont faits de montées rapides, des accélérations qui vous propulsent vers de nouveaux sommets. D'autres sont plus comme des adagios, offrant des espaces de réflexion, de profondeur et d'introspection.

Alors que les profils sont les arcs majeurs de votre vie, les lignes sont les nuances, les traits subtils qui complètent votre tableau. Elles sont comme les ornements sur une partition—les trilles, les appoggiatures, les staccatos qui ajoutent texture et couleur à la mélodie. Chaque ligne apporte son propre éclairage, une teinte différente qui se superpose aux vibrations de vos centres, canaux, et portes.

Votre profil et vos lignes sont les directeurs d'orchestre de votre énergie, le métronome qui dicte le rythme de votre vie. Ils déterminent comment vous interagissez avec le monde, la manière dont vous réagissez aux défis et aux opportunités, comment vous trouvez votre place dans le grand ensemble de l'univers. En somme, ils régulent les tempos et les tonalités avec lesquels chaque aspect de votre design interagit, créant un flux harmonieux ou introduisant des tensions créatives qui appellent à la résolution.

Les profils et les lignes sont les échos de votre âme, des indices divins qui vous aident à naviguer dans la carte stellaire de votre existence. Ils sont les sages qui chuchotent à votre oreille, les inspirations fugaces qui éclairent votre chemin, les éclats d'intuition qui orientent vos pas.

En embrassant ces crescendos et nuances, en écoutant attentivement ces directives subtiles, vous accédez à une dimension supplémentaire de votre Human Design. Vous ne vous contentez pas de suivre la mélodie; vous devenez le compositeur et l'interprète de votre propre œuvre céleste, un artiste de l'énergie, synchronisé avec les vibrations mystiques de l'univers.

5. La symphonie personnelle

Dans la grande salle de concert de l'univers, votre Human Design est votre propre symphonie, une composition unique de fréquences, de vibrations, et de mélodies qui vous distingue en tant qu'individu. Imaginez chaque centre, chaque canal, chaque porte, chaque profil et chaque ligne comme les musiciens dans cet orchestre cosmique, chacun jouant sa partie, mais tous visant à créer une harmonie complexe et captivante.

Lorsque vous plongez dans la connaissance de votre Design Humain, vous prenez la baguette du chef d'orchestre de cette oeuvre magistrale. Vous dirigez avec finesse chaque note, chaque accord, chaque crescendo et chaque nuance. Vous n'êtes plus simplement un passager sur ce voyage musical; vous êtes le maestro, l'âme directrice qui fait de chaque performance une expression authentique de soi.

Comme dans toute grande symphonie, il y a des moments d'harmonie céleste, où tout semble parfaitement aligné, où chaque élément de votre être résonne en équilibre. Mais il y a aussi des passages de dissonance, des tensions qui interpellent, qui défient, qui appellent à une résolution. Ce sont ces tensions, ces dissonances, qui ajoutent de la profondeur à votre symphonie, qui rendent votre parcours non pas simplement une séquence de notes, mais une histoire riche et nuancée, un voyage épique à travers les confins de votre être.

En vous aventurant plus profondément dans les arcanes de votre Human Design, vous découvrez des clés pour résoudre ces tensions, pour transformer la dissonance en harmonie. Vous apprenez à moduler vos fréquences, à ajuster vos cordes, à affiner vos bois et à équilibrer vos cuivres. Vous apprenez à jouer en harmonie non seulement avec vous-même, mais aussi avec les autres, créant des duos, des trios et des ensembles qui enrichissent la mélodie globale.

En fin de compte, ce n'est pas simplement une symphonie que vous créez, mais une œuvre authentique, sculptée dans le matériau de votre propre essence. C'est une chanson que seule vous pouvez chanter, une danse que seule vous pouvez exécuter, une lumière que seule vous pouvez briller. En devenant le chef d'orchestre de votre propre symphonie, vous entrez en accord avec la quintessence de votre être, créant une mélodie qui, bien que singulière, résonne dans l'universel, dans l'éternel, dans le divin.

Ainsi, votre symphonie personnelle devient non seulement une célébration de votre unicité, mais aussi un hymne à l'interconnexion, à l'unité fondamentale de toute existence. Vous ne jouez pas seulement pour vous; vous jouez pour tous, et en cela, vous découvrez la véritable beauté de votre Human Design.

L'HARMONIE INTÉRIEURE : La clé de la croissance personnelle

La quête de la connaissance de soi est aussi vieille que l'humanité elle-même. Depuis les temps immémoriaux, cette recherche a été le fondement sur lequel les philosophes, les mystiques et les penseurs ont bâti des doctrines et des philosophies. Dans ce voyage inestimable vers l'épanouissement personnel et la réalisation de soi, l'exploration de votre fréquence vibratoire via votre Human Design est un outil précieux qui offre une boussole pour naviguer dans le labyrinthe complexe de la vie moderne.

---

1. La boussole interne : Le guide infaillible de votre âme

Au cœur de chaque individu brille un astre intérieur, une vérité éclatante qui agit tel une boussole céleste, balisant le vaste cosmos de notre existence. Elle est la note fondamentale de notre mélodie personnelle, le pilier central autour duquel s'organisent les constellations de notre être.

Avant même que notre première respiration ne scelle notre arrivée en ce monde, notre boussole interne est déjà gravée dans l'éther de notre essence. Imaginez-la comme un astrolabe cosmique, une carte des étoiles dessinée par le Grand Architecte de l'Univers. L'Human Design agit tel un astronome mystique, traduisant ces glyphes célestes (symboles astrologiques) en une langue que nous pouvons comprendre, nous permettant ainsi de décrypter les lois sacrées de notre existence.

Naviguer à travers le monde d'aujourd'hui est semblable à naviguer à travers un océan en furie, tumultueux et imprévisible, où les vagues d'incertitudes et les tempêtes d'informations se succèdent inlassablement. Les sirènes du monde extérieur chantent leurs chants séduisants, tentant de nous dérouter. Cependant, en faisant vibrer la corde de notre boussole interne, en nous harmonisant avec cette fréquence primordiale, nous trouvons une lumière infaillible qui perce le brouillard, une direction qui transcende les illusions et les tourments du monde extérieur.

Notre boussole intérieure agit comme un guide divin, une antenne sensible qui capte les murmures subtils de l'univers. Elle nous guide vers notre propre Nord étoilé, là où se trouve notre destinée et notre paix. Quand la mélodie de notre vie semble discordante, quand les notes s'entremêlent en une cacophonie d'incertitudes, c'est souvent le signe que nous nous sommes égarés de cette ligne directrice céleste. Apprendre à écouter, à interpréter les signaux et les oscillations de cette boussole, nous permet de réajuster notre cap, de réaligner notre trajectoire avec la divinité de notre essence.

Il est essentiel de comprendre que bien que notre boussole interne pointe vers un Nord constant, elle n'est ni rigide ni dogmatique. Elle danse au rythme de la vie, elle est le compas qui nous permet d'explorer les mille et une facettes de notre être sans jamais nous perdre. Tout comme le navigateur ajuste ses voiles pour attraper le vent, tout en gardant son regard rivé sur l'étoile polaire, notre boussole nous encourage à embrasser les changements, à expérimenter les nouvelles tonalités de notre symphonie personnelle, tout en demeurant ancrés dans notre vérité fondamentale.

Embrasser la guidance de cette boussole céleste ne fait pas seulement de nous des navigateurs aptes à traverser les eaux tumultueuses de la vie; elle nous invite à une odyssée sacrée. Une odyssée vers le cœur de notre être, où chaque pas, chaque note, chaque décision est un acte sacré d'alignement avec notre âme. Dans cette quête harmonieuse, nous ne découvrons pas seulement la paix, la direction, et la clarté; nous découvrons le chant de notre propre divinité, la mélodie qui résonne dans l'harmonie de l'univers entier.

2. L'épanouissement authentique : Se révéler en toute vérité

Dans le ballet incessant de la modernité, où chacun de nous est tenu de jouer plusieurs rôles, la véritable quête est celle de retrouver notre essence, notre propre chorégraphie sacrée. En nous connectant à notre fréquence naturelle, nous pénétrons dans un sanctuaire d'authenticité, un jardin secret où fleurit notre vérité, éclatante et unique.

Au centre du labyrinthe complexe de notre existence brille une étincelle originelle—une vérité immuable qui éclaire notre chemin à travers les ombrages et les illusions. En se plongeant dans cette lumière intérieure, en méditant sur ce feu sacré, nous transcendons les masques et les costumes que la société nous impose. Nous revenons à cette source intérieure d'authenticité, là où l'eau de notre âme est la plus pure, et le nectar de notre être le plus doux.

Comme une œuvre musicale possède son propre rythme, chaque être humain se meut selon une mélodie intérieure unique. C'est la cadence de nos pas, le souffle de notre esprit, le tempo de notre cœur. En dansant au rythme de cette mélodie, nous évitons les dissonances causées par les attentes extérieures. Nous voguons sur les flots de la vie sans perdre notre essence, trouvant en chaque mesure, en chaque battement, un écho à notre véritable nature.

L'authenticité est un acte révolutionnaire. C'est le refus délibéré d'être enfermé dans les boîtes préfabriquées de la norme sociale. En vibrant à notre propre fréquence, en écoutant le chant silencieux de notre boussole intérieure, nous rassemblons le courage nécessaire pour briser ces chaînes invisibles. Nous osons défier les diktats culturels pour sculpter une existence faite à notre mesure, à l'image de notre vérité profonde.

Lorsque notre croissance est le fruit d'un alignement intérieur, elle se nourrit de la rosée céleste de notre essence. Nous accueillons alors des opportunités et des expériences qui ne font pas seulement grandir notre ego, mais qui nourrissent notre âme. Cette croissance n'est pas évaluée à l'aune des critères sociaux, mais à la profondeur de notre harmonie avec nous-mêmes, à la plénitude de notre connexion à notre source intérieure.

L'épanouissement authentique est une symphonie en constante évolution, une danse jamais terminée. Il s'agit d'un engagement sacré à demeurer fidèle à notre propre partition, tout en étant conscient que chaque note, chaque mouvement, contribue à l'orchestration globale de l'univers. C'est un chemin semé d'étoiles, où chaque pas que nous faisons résonne comme un accord dans la mélodie cosmique de l'existence. L'épanouissement authentique est moins une destination qu'un voyage éternel, une odyssée de l'âme à la découverte de ses propres univers.

3. La clarté des décisions : Le guidage intérieur de votre vibration

Dans la tapisserie enchevêtrée de l'existence, chaque nœud, chaque croisée des chemins présente une invitation à choisir. Dans cet espace sacré du possible, l'inconnu se déploie comme un océan sans fin, avec ses vagues d'opportunités et ses abysses de doutes. Mais dans la cartographie complexe de la vie, la connaissance de votre fréquence vibratoire agit comme une boussole de cristal, purifiée et illuminée par la lumière de votre être.

Dans le concert assourdissant du quotidien, où chaque note, chaque instrument voudrait capter notre attention, la tâche de discerner ce qui est authentique peut sembler titanesque. Mais en vous harmonisant à votre propre fréquence, comme on accorde un instrument avant une performance, vous développez la finesse d'isoler les notes essentielles de votre mélodie intérieure. Vous apprenez à trier le signal pur de la vérité de la cacophonie des illusions, de manière à créer une mélodie harmonieuse avec le monde qui vous entoure.

Chaque carrefour de la vie nous confronte à des choix—relations, opportunités de carrière, chemins spirituels. En passant ces options au tamis de votre fréquence vibratoire, vous n'évaluez plus seulement les choix sur le plan matériel. Au lieu de cela, vous les pesez dans la balance de l'âme, mesurant leur capacité à entrer en résonance avec votre essence, comme un alchimiste mesure la pureté de précieux métaux.

Dotée d'une sensibilité accrue à votre propre fréquence, votre intuition, ce messager souvent négligé, gagne en précision et en clarté. Elle devient l'oiseau d'or qui, en volant haut dans le ciel de votre conscience, capte les courants aériens de la vérité et vous apporte des messages clairs et infaillibles. Vous commencez à ressentir, dans le plus profond de votre être, les vibrations subtiles qui signalent que vous êtes sur le bon chemin.

Les décisions prises en alignement avec votre propre fréquence créent une onde de possibilités qui transcende le temps. Elles ne constituent pas une simple réponse aux besoins du moment, mais sèment les graines d'un futur où chaque instant est une récolte de votre authenticité. Il ne s'agit pas de choisir le chemin le plus facile, mais celui qui, vibrant au diapason de votre essence, compose la symphonie d'une vie réellement harmonieuse.

Naviguer dans la vie avec cette clarté de décision, c'est comme danser sur une scène illuminée par la lueur de votre propre vérité. Chaque pas, chaque mouvement, chaque choix devient une note musicale dans la grande composition de votre existence. En vous synchronisant à cette fréquence unique, vous vous accordez le luxe d'une navigation clairvoyante à travers les mers changeantes du destin, un voyage qui, étape par étape, vous rapproche de l'éclat scintillant de votre propre essence.

4. L'équilibre émotionnel : La fondation de votre fréquence

Dans le voyage sans fin de l'expérience humaine, l'émotion est le paysage à la fois familier et imprévisible qui défile à travers les fenêtres de notre âme. Dans ce paysage aux reliefs variés, votre fréquence vibratoire représente la fondation solide sur laquelle vous pouvez construire un sanctuaire d'équilibre émotionnel et de paix intérieure.

Imaginez un rocher solide émergeant majestueusement des vagues d'une mer en furie. Alors que les eaux tumultueuses se brisent contre lui, le rocher demeure stoïque, un monument à la constance. De la même manière, votre fréquence vibratoire sert de repère constant dans le tumulte émotionnel de la vie. Peu importe la force des vagues de la colère, de la peur ou de la tristesse, cet ancrage vous permet de maintenir votre position, de rester centré, même dans l'œil de l'ouragan émotionnel.

En vous connectant avec votre fréquence vibratoire, vous élevez votre conscience au-dessus des nuages temporaires des émotions passagères. Vous commencez à voir ces émotions comme des formations nuageuses dans le vaste ciel de votre être. Ainsi, chaque émotion, aussi envahissante soit-elle, est perçue comme une expérience transitoire, une phase plutôt qu'une identité fixe. Vous gagnez la liberté de les observer sans y être englouti.

Avec cette fondation vibratoire solide, le chemin de retour vers une sérénité émotionnelle est moins ardu. Comme un voyageur dans le désert trouve un oasis, vous avez la possibilité de retourner rapidement à votre centre, à votre sanctuaire intérieur, même après les tempêtes émotionnelles les plus dévastatrices. Vous possédez un GPS émotionnel qui vous guide toujours vers le confort de votre propre fréquence.

Vos émotions ne sont pas des obstacles, mais des terrains fertiles pour le développement personnel. En vous alignant à votre propre fréquence, chaque émotion devient une possibilité, un message crypté contenant des leçons précieuses. Avec cette carte en main, vous naviguez à travers le labyrinthe émotionnel, non pas comme un naufragé, mais comme un explorateur en quête de trésors cachés.

La maîtrise de l'équilibre émotionnel n'est pas une fuite hors du domaine des sentiments, mais une intégration plus profonde de ces expériences dans le tissu même de votre existence. En puisant dans la puissance stabilisante de votre fréquence vibratoire, vous transformez les défis émotionnels en opportunités d'enrichissement, de croissance et de sagesse. Vous faites la paix avec le vaste océan des émotions et, en le faisant, vous naviguez plus habilement sur les eaux souvent imprévisibles de la condition humaine.

5. L'expansion de la conscience : Au-delà de la singularité

Dans ce voyage d'exploration de la fréquence vibratoire personnelle, la découverte la plus profonde pourrait bien être celle de notre relation intime avec l'Univers. En éclaircissant ce lien, nous passons du microcosme de notre propre être au macrocosme de tout ce qui existe, une progression qui peut être à la fois édifiante et transcendante.

La prise de conscience de votre propre fréquence vibratoire vous emmène dans une spirale ascendante vers une réalisation encore plus grande : vous êtes une note unique dans la grande symphonie de l'existence. Vous commencez à comprendre que votre individualité, tout en étant précieuse, n'est qu'une expression particulière d'un ensemble bien plus grand. Vous êtes à la fois une goutte d'eau et l'océan entier, distinct mais pas séparé du tout.

Votre vibration individuelle, une fois reconnue et cultivée, devient une lentille à travers laquelle vous percevez les liens invisibles qui tissent la réalité ensemble. Vous commencez à remarquer comment les interactions, les rencontres, même les pensées et les sentiments sont des fils dans une toile complexe d'interdépendance. Chaque battement d'ailes crée un vent à travers l'Univers.

Au fur et à mesure que votre conscience s'étend, votre rôle dans cette tapisserie cosmique devient clair. Vous êtes plus qu'un simple observateur; vous êtes un co-créateur. Chaque action, chaque mot, chaque intention sert à sculpter la matrice énergétique collective. Vous devenez un artisan actif, modelant la vie à la fois à petite et grande échelle.

La prise de conscience de cette interconnexion profonde est à la fois libératrice et exigeante. Elle apporte avec elle une responsabilité universelle : celle de vivre en accord avec cette conscience élargie. Vos actions ne sont plus de simples gestes isolés; elles deviennent des échos qui résonnent à travers le cosmos, incitant à une vie vécue avec une conscience aigüe, avec amour et avec une profonde révérence pour le sacre de l'existence.

L'expansion de la conscience n'est pas simplement une trajectoire introspective; elle est une spirale qui nous propulse dans une communion plus profonde avec le tout. En accordant votre propre fréquence, vous accédez à une dimension où la frontière entre le "moi" et l'"autre" s'estompe, où chaque moment est une rencontre avec le divin et où chaque action est une célébration de l'interconnexion. Vous ne découvrez pas seulement votre propre essence; vous découvrez votre place dans le magnifique orchestre de la vie.

L'harmonie intérieure n'est pas simplement un état de bien-être éphémère; c'est une fondation solide pour une croissance personnelle authentique. En intégrant la connaissance de votre

Human Design et de votre fréquence vibratoire dans votre cheminement de vie, vous accédez à une forme d'autonomie et de clarté qui transcendent les conseils génériques de développement personnel. Vous n'appliquez pas seulement des principes universels de croissance, vous vivez une transformation qui est profondément alignée avec qui vous êtes au niveau le plus fondamental.

Ce voyage vers l'harmonie intérieure est en effet un voyage vers votre propre essence, une danse délicate entre le soi et l'univers, entre la singularité et la pluralité. Il ne s'agit pas d'un cheminement solitaire, mais d'une aventure enrichissante qui vous connecte non seulement à votre propre âme, mais aussi à la grande toile de la vie elle-même.

Le périple à travers le paysage ondulant de notre signature vibratoire n'est pas une quête narcissique de connaissance de soi; il s'agit bien plus d'une plongée dans le vaste océan de ce qui constitue l'expérience humaine. Chaque facette de notre Human Design, des subtiles portes aux puissants vortex énergétiques, dessine une fresque duelle, révélant à la fois notre individualité et notre connexion inextricable avec le grand Tout.

La véritable magie se manifeste lorsque nous parvenons à l'unité de ces facettes, dans la reconnaissance de notre énergie non comme des notes disjointes, mais comme une mélodie céleste qui transcende les frontières temporelles et spatiales. Cette mélodie, notre fréquence authentique, agit à la fois comme boussole intérieure et carte céleste, éclairant notre traversée à travers les méandres et les miracles de la vie.

Mais plus encore, cette mélodie nous rappelle une vérité ineffable : qu'au-delà de la mosaïque chatoyante de nos expériences individuelles se trouve une harmonie universelle, un accord secret qui résonne dans chaque recoin de l'âme humaine. En déchiffrant et en honorant cette signature vibratoire, nous faisons plus que simplement nous aligner à la symphonie cosmique; nous en devenons les co-compositeurs, marchant en cadence avec le rythme intemporel de l'univers vers une clarté inébranlable et une expansion de conscience incommensurable.

En refermant ce chapitre de notre exploration, gravez cette vérité dans le sanctuaire de votre cœur : vous n'êtes pas une simple note dans le chœur cosmique, mais un véritable maestro de votre propre existence, une vibration singulière avec la puissance d'ébranler, de métamorphoser et d'illuminer la constellation de vies qui vous entourent.

Après avoir traversé les profondeurs de notre fréquence vibratoire, qu'en est-il des miroirs mystérieux que l'univers nous tend ? Comment ces réflexions de nous-mêmes dans le grand Tout s'alignent-elles dans ce ballet d'apparentes coïncidences et de signes subtils ? Et si ces moments de pur hasard n'étaient pas si aléatoires ? Et si notre propre vibration avait la puissance de tirer les fils invisibles de la réalité elle-même ?

Dans le prochain chapitre, nous allons explorer ces questions captivantes à travers le prisme de l'Human Design et de la théorie quantique. Préparez-vous à déverrouiller la porte menant à la synchronicité quantique, cette danse énigmatique entre le destin et le libre arbitre, entre la singularité de l'individu et l'orchestration complexe de l'univers. Vous découvrirez que votre design unique n'est pas seulement une carte de votre propre être, mais peut-être aussi une clé pour comprendre les mystères insondables de la vie elle-même.

Alors, cher lecteur, respirez profondément, pour le voyage est loin d'être terminé. Nous nous préparons à plonger encore plus profondément dans le cosmos intérieur et extérieur, là où la science rencontre le spirituel, où le tangible côtoie l'impalpable. Le rideau se lève sur un nouveau chapitre, et la scène est prête pour une autre révélation époustouflante. Avez-vous hâte de découvrir ce que l'univers a en réserve pour vous ?

L'aventure continue. Je vous y retrouve.

CHAPITRE 3

Les synchronicités quantiques et l'Human Design
LES SYMPHONIES CACHÉES DU COSMOS

À certains instants de notre voyage terrestre, le voile entre le visible et l'invisible semble se lever, laissant entrevoir un monde harmonisé par des accords mystérieux. Ces instants, où une idée surgit comme un éclair dans la nuit, où une rencontre fortuite redessine les contours de notre destin, où un livre semble littéralement tomber du ciel, nous illuminant par sa sagesse, sont des manifestations d'une mystique que nous appelons synchronicités. Mais que se déroule-t-il réellement dans ces moments où le cosmos semble orchestrer une mélodie rien que pour nous ? Sommes-nous simplement les acteurs d'un hasard fortuit ou sommes-nous les danseurs d'une symphonie universelle ?

Étirez vos ailes spirituelles et plongez dans l'abîme énigmatique des synchronicités quantiques. Dans ce chapitre, nous allons tracer le lien mystique entre cette danse cosmique et l'architecture de votre Human Design. Nous naviguerons sur le vaste océan de l'existence, où les étoiles de la science et les lunes de la spiritualité se rejoignent en un ballet céleste, où le destin et le libre arbitre se fondent en une mélodie complexe, et où chaque âme, à travers son design unique, joue une note inoubliable dans cette harmonie universelle.

Guidés par des témoignages et des études de cas, nous lèverons le voile sur le mystère enchanteur derrière ces connexions divines. Nous explorerons comment votre Human Design ne se contente pas de révéler votre essence, mais peut aussi être la clé qui déverrouille ces moments magiques, tissant des fils d'or dans le tissu même de votre réalité.

Alors, ouvrez grand les portes de votre perception et préparez-vous à danser avec les mystères insondables du cosmos. À travers ce chapitre, nous allons élargir non seulement votre compréhension de vous-même, mais aussi celle de la réalité elle-même, vous rappelant que chaque instant vécu est une note dans la grande partition de l'univers.

LE TISSAGE DES ETOILES : Les synchronicités dans le langage quantique

Lorsque Carl Jung, ce pilier de la psychologie et de la pensée moderne, a dévoilé le concept de synchronicités, il a peint le portrait d'un univers tissé de « coïncidences significatives », d'événements en apparence disparates unis par des fils d'or de signification. Pour Jung, cette trame représentait les formes archétypales de l'univers, un réseau d'interconnexions transcendant les lois causales qui régissent notre réalité perçue.

Cependant, les avancées de la physique quantique viennent enrichir ce tableau, ajoutant des couleurs et des nuances à ce qui était autrefois une esquisse en noir et blanc. Dans cette dimension quantique, le monde est moins une machine bien huilée qu'un océan de possibilités, où des particules peuvent exister dans un état d'indétermination jusqu'à ce que l'observateur les « fixe » dans la réalité. Plus saisissant encore est le concept d'« intrication quantique », où des particules s'influencent à des distances inimaginables, défiant notre compréhension du temps et de l'espace.

Envisagée à travers ce prisme quantique, les synchronicités transcendent sa définition de « coïncidence significative ». Elle devient le point d'intersection entre la matière et le mystère, le lieu où les fils énergétiques du monde visible se nouent aux fils invisibles de la toile quantique.

Cette vision quantique redéfinit la chorégraphie de notre existence. Elle nous invite à voir la vie non pas comme une séquence d'événements isolés, mais comme une cascade fluide d'interrelations et de connexions. Les moments de alignement deviennent ainsi les éclairs d'or dans le ciel nocturne de notre réalité, des signaux de l'univers nous rappelant que derrière le miroir de notre quotidien se déroule un ballet cosmique aux possibilités sans fin.

Dans cette valse universelle, chaque pensée, chaque particule, et surtout chaque individu a un rôle à jouer. Et c'est ici qu'entre en scène l'Human Design, servant de partition pour cette mélodie cosmique, nous permettant de comprendre comment notre unique essence vibre en harmonie avec ce vaste et mystérieux orchestre quantique.

1. L'intrication quantique : L'interconnexion au-delà de l'espace-temps

Dans le monde mystérieux de la physique quantique, l'intrication est le phénomène selon lequel deux particules, une fois associées, restent connectées, peu importe la distance qui les sépare. Si l'une d'elles change, l'autre le fait simultanément, comme si elles étaient unies par un lien invisible. Cette relation fascinante, qui défie notre compréhension du temps et de l'espace, peut être vue comme une métaphore de la manière dont nos vies sont intrinsèquement liées au tissu même de l'univers. En reconnaissant ce concept, les synchronicités deviennent une conséquence naturelle de cette interconnexion universelle, une signature énergétique qui s'imprime dans le monde matériel.

L'intrication quantique, l'un des phénomènes les plus intrigants et mystérieux de la physique moderne, offre une perspective fascinante sur la nature fondamentale de la réalité. Imaginez deux particules jumelles, comme deux danseurs célestes, en interaction au sein d'un même système. Une fois intriquées, ces particules restent en parfaite harmonie, réagissant simultanément aux changements, même si elles sont séparées par des galaxies entières. Il s'agit d'un mystère qui confond même les physiciens les plus érudits, un ballet cosmique qui défie nos notions conventionnelles d'espace et de temps.

Pour mieux saisir cette idée, il convient de reconnaître que l'univers communique en un langage qui dépasse notre compréhension linéaire. L'intrication quantique en est l'expression la plus pure. Ce n'est pas simplement une curiosité scientifique, mais une révélation du langage fondamental de l'univers, une syntaxe énergétique qui éclaire la toile complexe de l'existence. Dans cette perspective, chaque moment de synchronicités peut être considéré comme une manifestation de cette syntaxe, un mot ou une phrase dans la narration cosmique.

Lorsque nous appliquons cette notion d'intrication à notre vie quotidienne, les moments d'alignement semblent moins aléatoires. Ils deviennent des manifestations tangibles de ces liaisons énergétiques, des instantanés de l'équilibre universel capturés dans la matière et le temps. Ces moments, qui peuvent sembler fortuits, sont en fait des indices, des signaux, voire des messages codés, qui indiquent une harmonie plus grande, un ordre supérieur.

Cette profonde interconnexion s'étend bien au-delà des particules subatomiques. Elle résonne à travers les galaxies, les étoiles, les planètes et enfin, les êtres humains. Dans cette vaste symphonie cosmique, chaque individu, avec son propre design énergétique, devient un instrument unique. Les moments de coïncidence significative, ces harmonies parallèles qui surviennent dans nos vies, ne sont donc pas de simples anomalies. Ils sont les échos de cette intrication, des accords qui résonnent à travers le voile du manifeste, nous rappelant que nous sommes tous des notes dans une mélodie plus grande, tous des danseurs dans ce ballet cosmique.

Ainsi, l'intrication quantique, en tant que phénomène et métaphore, élargit notre compréhension de synchronicités et de notre place dans l'univers. Elle nous invite à voir chaque coïncidence non pas comme un accident, mais comme un fil tissé intentionnellement dans le tapis de notre existence, un clin d'œil cosmique qui murmure à notre âme : "Tu es un avec l'univers, et l'univers est un avec toi."

2. L'acte d'observation : Comment nous sculptons la réalité

Les lois de la physique quantique stipulent que la simple observation d'une particule peut changer son état. Cela introduit un degré d'incertitude et de subjectivité dans notre réalité, car c'est l'observateur qui, en quelque sorte, donne forme au monde quantique. Quel rôle jouons-nous alors dans la création des moments d'alignement qui semblent fleurir dans nos vies ? Peut-être que notre focus, notre intention, ou même notre design humain, influencent ces instants magiques, les attirant dans notre expérience comme des aimants cosmiques.

La mécanique quantique nous présente un univers où l'acte d'observation est loin d'être passif. En réalité, il est d'une importance fondamentale. Lorsqu'une particule est observée, son état ondulatoire de potentiel se "réduit" en une position définie. Cet acte apparemment simple mais profondément complexe remet en question la notion d'une réalité objective, indépendante de l'observateur.

En interagissant avec notre environnement à travers l'acte d'observation, nous ne sommes pas de simples témoins passifs de la danse cosmique qui se déroule autour de nous. Nous sommes plutôt des co-créateurs, sculptant activement la réalité à chaque instant. Chaque regard, chaque pensée, chaque intention sert de pinceau, dessinant des coups de pinceau sur la toile de l'univers. Les synchronicités, dans ce sens, deviennent moins un événement qui nous "arrive" et plus une expérience que nous attirons ou même façonnons.

Que signifie alors cela pour notre expérience quotidienne de la réalité? Cela suggère que notre état d'esprit, notre focus et nos intentions ont le pouvoir d'influencer notre expérience des synchronicités. Quand nous alignons nos pensées et nos intentions avec nos désirs et nos objectifs, nous créons un champ magnétique, attirant des événements, des personnes et des expériences qui résonnent avec cette fréquence. Notre propre Human Design, avec ses spécificités uniques, devient le mécanisme par lequel nous filtrons et amplifions ces intentions, ajoutant une autre couche de profondeur à cette dynamique.

Cela nous mène à envisager les moments de convergence comme des miroirs de notre propre conscience, des reflets de notre état interne projetés dans le monde extérieur. Quand un livre tombe de l'étagère juste comme nous pensons à un sujet particulier, ou quand une rencontre fortuite change le cours de notre vie, ce ne sont pas de simples coïncidences. Ce sont des manifestations de notre propre acte d'observation, des ondes dans l'étang de la réalité que nous avons nous-mêmes créées.

En fin de compte, la réalité n'est pas quelque chose qui nous est imposé, mais une expérience participative, modulée par nos observations, nos intentions et notre propre Human Design. C'est un jeu divin de miroirs et d'échos, où chaque acte d'observation est une note dans la symphonie en constante évolution de l'existence. À chaque moment de synchronicités, nous sommes rappelés de notre rôle en tant que co-créateurs de notre réalité, et de la magie qui survient lorsque nous alignons notre propre fréquence avec le chant de l'univers.

3. Le tissu de l'existence : De la théorie quantique aux synchronicités

Si l'univers est un tissu quantique d'interconnexions, alors les synchronicités ne sont rien de moins qu'un fil dans ce tissu, un chemin qui apparaît lorsque les conditions sont réunies pour que l'invisible devienne visible. Dans cette perspective, nos vies, nos pensées, et nos actions sont autant de fils tissés dans le grand dessin de l'existence. Et c'est ici que l'Human Design peut être si éclairant, en nous offrant un cadre pour comprendre comment ces fils, ces fréquences vibratoires qui sont les nôtres, s'entrelacent pour créer les motifs complexes mais harmonieux de notre expérience humaine.

Pensez à l'univers comme à un tissu finement tissé, où chaque fil représente une possibilité, une interaction, une particule ou une onde. Ce tissu n'est pas plat; il est tridimensionnel, vibrant et toujours en mouvement, représentant une symphonie de fréquences et de vibrations. Lorsque nous parlons de synchronicités dans ce contexte, nous parlons d'un moment où plusieurs fils se croisent de manière significative, créant un motif ou un dessin qui capte notre attention. Ce sont les moments où l'invisible devient visible, où le champ de potentiel quantique se manifeste dans notre réalité concrète.

À l'instar d'un artisan qui tisse un motif compliqué mais harmonieux, chaque choix que nous faisons, chaque pensée que nous avons, chaque interaction que nous vivons, ajoute un autre fil à ce tissu. Les motifs qui en résultent peuvent être simples ou complexes, mais ils sont toujours significatifs, reflétant les intrications de notre vie et de notre Human Design unique. Ces motifs ne sont pas seulement esthétiques; ils ont une fonction, une utilité. Ils nous guident, nous donnent des indices sur notre chemin de vie, et nous rappellent que nous sommes une partie intégrante de quelque chose de beaucoup plus grand.

Si le tissu de l'existence représente le champ d'interconnexions quantiques, alors l'Human Design agit comme notre guide personnel dans cet espace. Il nous donne le cadre, la structure, et surtout, le langage pour comprendre comment nos fils uniques contribuent au tissu plus large de l'existence. Par l'intermédiaire de nos centres énergétiques, nos canaux et nos portes, nous apprenons comment nous nous alignons avec les fréquences universelles. Nous découvrons comment notre vibration personnelle s'harmonise avec les vibrations environnantes, créant ainsi des moments de synchronicités, des motifs dans le tissu qui nous signalent que nous sommes sur la bonne voie.

En fin de compte, comprendre la manière dont la théorie quantique s'applique aux synchronicités, enrichit notre compréhension de l'Human Design et, par extension, de nous-mêmes. Cela nous rappelle que nous ne sommes pas des îles isolées, mais des notes dans une mélodie cosmique, des fils dans un tissu en constante évolution, co-créateurs de cette splendide et mystérieuse tapisserie appelée vie.

COMMENT LE DESIGN HUMAIN INTERAGIT AVEC LES SYNCHRONICITÉS

Le Design Humain, cette mystérieuse cartographie de l'âme, nous donne bien plus qu'un simple aperçu de qui nous sommes. Il nous situe au sein du vaste orchestre de l'existence, nous assignant des notes à jouer, des harmonies à créer, et des mélodies à suivre. Dans cette partie, nous explorerons l'interaction de notre Design Humain avec ces moments énigmatiques où le quotidien et le divin semblent se confondre, révélant des vérités subtiles mais profondes.

Imagine chaque centre énergétique de ton Design Humain comme une station de radio, diffusant et captant des fréquences à travers le vaste éther de l'univers. Les canaux reliant ces centres agissent comme des fils conducteurs, acheminant l'énergie et l'information. Dans cette harmonie céleste, lorsque ta 'station' vibre en harmonie avec une fréquence extérieure, un accord parfait se crée, une résonance divine qui résonne avec vérité et clarté.

L'acte d'observer, selon les principes de la science quantique, modifie l'état de l'observé. De manière similaire, notre observation consciente, dirigée par notre Design Humain, favorise l'émergence de coïncidences significatives. C'est une danse délicate entre destin et libre arbitre, où notre attention focalisée devient un phare, attirant des alignements fortuits et des correspondances profondes qui illuminent notre chemin

Nos centres et canaux sont les portails à travers lesquels l'énergie circule, et c'est la stratégie et l'autorité de notre Design Humain qui nous enseignent comment naviguer dans cet éther énergétique. Ces principes servent de gardiens à nos portails, indiquant quand ouvrir ou fermer ces portes, quand agir ou patienter, quand parler ou écouter. En suivant notre stratégie et notre autorité, nous nous harmonisons davantage avec le flux universel, attirant ainsi des moments qui sont tels des étoiles filantes dans le ciel nocturne de notre existence, des rappels brillants et éphémères que nous sommes sur le bon chemin.

En résumé, notre Design Humain est à la fois la clé et la carte, nous aidant à interpréter les signaux mystérieux de l'univers. Il nous rappelle que chaque coïncidence, chaque moment d'harmonie, n'est pas un hasard, mais plutôt un écho, un accord dans la symphonie complexe et éternelle de la vie.

1. Les centres et les canaux comme points d'interaction

Dans le vaste paysage de l'existence, peuplé d'événements, de personnes et d'énergies, les centres et canaux de notre Design Humain se dressent comme des phares mystiques, guidant notre chemin à travers les brumes d'un océan de possibles infinis. Ils sont nos radars internes, déchiffrant les signaux subtils envoyés par l'univers. À chaque fréquence, chaque vibration, nous nous harmonisons davantage avec les rythmes cosmiques, ouvrant la voie à des moments exquis qui marquent notre voyage à travers la vie.

Comme une fleur s'épanouissant sous le soleil, chaque centre et canal de notre Design Humain vibre d'une énergie unique, teintant notre expérience de la vie de couleurs particulières. Prenons l'exemple d'une personne avec un centre émotionnel défini. Pour elle, les émotions ambiantes ne sont pas de simples bruits de fond, mais des mélodies subtiles auxquelles elle résonne. Dans cette symphonie invisible, elle peut percevoir des moments clés, des vagues d'émotions partagées.

Chaque canal de notre Design Humain est une rivière mystique reliant deux lacs d'énergie. Ils forment des autoroutes cosmiques où circulent nos essences, nos désirs, nos craintes et nos rêves. En comprenant ces voies d'énergie, nous discernons leur influence sur nos interactions, guidant les types de moments significatifs que nous rencontrons.

Imaginons un canal entre le centre de la gorge et celui de la volonté. Cette connexion pourrait attirer naturellement des situations où communication et assertivité sont cruciales, menant à des rencontres fortuites ou des opportunités soudaines pour exprimer des talents cachés.

Dans le grand théâtre de l'univers, chaque centre et canal de notre Design Humain joue un rôle crucial dans l'orchestre de notre existence. Ils nous aident à naviguer dans la partition complexe de la vie, à trouver notre place dans cette mélodie en constante évolution. À travers eux, nous capturons les murmures du cosmos, ces instants de grâce où l'univers semble chuchoter à notre oreille, nous rappelant que nous sommes, à chaque moment, une note essentielle dans la symphonie grandiose de l'existence.

2.L'observation consciente et la manifestation

Dans le sanctuaire silencieux de notre être, où résonnent les échos du cosmos, se trouve la puissance de l'observation consciente. Comme un sculpteur façonnant de la matière brute en une œuvre d'art, notre conscience éclaire et modifie le paysage de notre réalité. Au cœur de cette interaction délicate réside le mystère des synchronicités, ces signes subtils qui apparaissent comme des étoiles filantes dans le ciel nocturne de notre existence.

Tout comme le regard d'un observateur peut influencer le comportement d'une particule au niveau quantique, notre niveau de conscience a le pouvoir de façonner notre expérience de la vie. Envisageons ces moments magiques comme des reflets de notre état intérieur, où notre conscience devient le miroir donnant forme à ces instants de pure magie.

L'acte d'observation consciente est bien plus qu'une passivité; c'est une danse, un dialogue avec l'univers. En explorant les profondeurs de notre énergie, nous invitons des moments de révélation à surgir, telles des réponses à des interrogations implicites, ou comme des couleurs éclatant soudainement dans un kaléidoscope de possibilités.

Il y a une beauté saisissante dans la simplicité d'un instant où tout s'harmonise. Plus nous sommes en phase avec notre propre Design Humain, plus nous pouvons remarquer des moments qui résonnent étonnamment avec notre parcours de vie. Ces instants ne sont pas de simples coïncidences; ce sont des affirmations de l'univers, des signes indiquant que nous suivons le bon chemin.

Prenons l'exemple d'une personne qui, en s'alignant avec son Design Humain, découvre soudainement l'opportunité de sa vie, comme si l'univers avait orchestré tous les éléments en sa faveur. Ce genre de moment n'est pas un hasard, mais une manifestation de cet alignement conscient, une preuve que la pertinence existe même dans l'immensité de l'incertitude.

L'observation consciente est un phare dans l'obscurité, guidant notre voyage à travers les étendues sauvages de l'existence. Elle donne un sens, une direction aux moments lumineux qui éclairent notre chemin. Dans cette communion silencieuse avec nous-mêmes, nous devenons des co-créateurs de notre réalité, des tisseurs de rêves qui, par le simple acte de regarder, révèlent l'invisible au grand jour.

3. Les portails d'énergie : Les portes et fenêtres de l'âme

Envisagez votre Design Humain comme une maison élégante aux nombreuses portes et fenêtres, chacune donnant sur un paysage différent du cosmos. Certaines de ces ouvertures sont grandes, permettant au vent de souffler et aux étoiles de briller librement dans votre intérieur. D'autres sont petites, ne s'ouvrant que lors de moments spécifiques, lorsque la lune est dans une certaine phase ou lorsque le soleil atteint un certain angle dans le ciel. Ces portails d'énergie sont les voies par lesquelles la symphonie de l'univers entre en résonance avec la mélodie de votre être.

Chaque porte ou fenêtre de cette métaphorique maison de l'âme sert de portail spécifique pour certaines énergies ou synchronicités. Imaginez que certaines portes soient toujours ouvertes, accueillant un flot continu de coïncidences et de signes. D'autres portes, en revanche, peuvent être plus capricieuses, nécessitant une certaine clé ou des conditions spéciales pour s'ouvrir.

Ces portails ne sont pas de simples passages physiques; ils représentent des fréquences vibratoires, offrant des accès uniques à différentes facettes de ton énergie. Certains résonnent avec des domaines tels que l'amour, le travail ou la créativité, favorisant ainsi des moments clés dans ces aspects spécifiques de ta vie.

Ces portails sont bien plus que de simples ouvertures; ils sont des canaux d'information, des zones de réception privilégiées pour les murmures discrets de l'univers. Tels des messages dans une bouteille jetée à la mer, ces moments peuvent servir de guides, d'indicateurs nous orientant sur notre chemin de vie. Ils peuvent aussi être des présages, des signaux doux de défis à venir ou des invitations à explorer des territoires inexplorés de notre être.

Imagine une personne qui, en étant à l'écoute, perçoit un signe l'encourageant à prendre une nouvelle direction dans sa carrière. Ce signal pourrait provenir de l'un de ses portails d'énergie les plus actifs, agissant comme un rappel bienveillant que l'opportunité réside souvent dans l'audace.

Nos portails d'énergie sont les yeux et les oreilles de notre âme, les interfaces où le sacré et le profane se rencontrent et s'entremêlent en une danse sublime. En comprenant ces points de contact, nous sommes mieux équipés pour interpréter les signaux que l'univers nous envoie, pour déchiffrer les énigmes qui se manifestent. Ce sont les instants où l'ordinaire se métamorphose en extraordinaire, où la terre frôle le ciel, et où nous, êtres humains, entre-apercevons les mécanismes divins de l'existence.

4.Le rôle de la stratégie et de l'autorité : Le GPS de l'âme

Au cœur de notre propre labyrinthe de l'existence, la stratégie et l'autorité en Design Humain agissent comme un GPS intégré de l'âme. Ces éléments ne sont pas de simples outils; ils sont des étoiles polaires dans notre ciel intérieur, des guides pour naviguer à travers le vaste océan de la synchronicité et des possibilités quantiques.

La stratégie et l'autorité ne sont pas de simples guides; ils sont le compas et la carte qui nous aident à voguer à travers les flots incertains de l'existence. Imaginez une mer étincelante sous la lueur argentée de la lune, chaque reflet étant de potentielles synchronicités. En suivant le GPS de notre stratégie et de notre autorité, nous mettons le cap sur les routes éclairées par notre propre lumière intérieure, celles qui sont en harmonie avec notre fréquence vibratoire.

Lorsque nous naviguons en harmonie avec ces éléments, la probabilité de vivre des moments d'alignement remarquable augmente, comme si l'univers lui-même soufflait des vents favorables et des courants bienveillants à notre égard. Ces instants ne sont pas de simples coïncidences, mais des moments d'une beauté inexprimable où notre véritable essence s'accorde avec le design plus vaste de l'univers.

Néanmoins, ignorer ces conseils divins peut nous mener vers des eaux plus agitées. Telle une embarcation sans boussole, nous nous trouvons alors à la merci des courants erratiques, risquant de passer à côté d'opportunités d'harmonie ou de mal interpréter les signaux cosmiques. C'est pourquoi l'adhésion à notre stratégie et à notre autorité est essentielle. Elles servent de phare, nous guidant sur le chemin du retour vers notre propre nature, vers l'essence même de notre être

Le Design Humain, avec sa stratégie et son autorité, est plus qu'un outil d'auto-connaissance; c'est un symbole de notre union avec le cosmos. Ce n'est pas simplement un manuel d'instructions pour une vie humaine; c'est un poème épique écrit dans le langage de l'univers. Il nous rappelle que nous ne sommes pas de simples spectateurs, mais des acteurs dans ce grand théâtre de l'existence, co-créant chaque moment avec une intention et une grâce divines.

Ainsi, nous naviguons à travers cet océan d'incertitudes et de merveilles, non pas comme des naufragés, mais comme des explorateurs de l'âme, ouvrant la voie à de nouvelles constellations de sens, à des paysages inexplorés de possibles et à l'épanouissement continuel de notre destinée unique.

TÉMOIGNAGES ET ÉTUDES DE CAS : La danse sublime des synchronicités

Au-delà des étoiles de la théorie et des nuages des concepts, flottent les récits incarnés, les histoires de vies où le Design Humain et les coïncidences significatives se fondent dans une éclatante symphonie d'événements. Ces témoignages et études de cas sont les joyaux qui ornent le diadème de notre compréhension. Ils sont les notes mélodieuses qui donnent vie à la partition de notre exploration, éclairant la scène où la magie de ces moments d'alignement se déploie dans les moindres détails de notre existence.

TÉMOIGNAGE 1 : L'orchestration cosmique

Dans ce premier acte de notre théâtre de cas réels, Céline, une consultante en Design Humain, découvre les merveilleuses synchronicités de rencontrer une vieille amie au moment le plus opportun. C'est comme si chaque note de sa vie s'était alignée pour composer le plus harmonieux des accords.

ÉTUDE DE CAS 2 : Les éclairs de l'inconscient

Alexandre, un sceptique de la physique, trouve sa réalité délicieusement ébranlée par les ombres de rêves révélateurs. Comme un compositeur qui découvre une nouvelle gamme, il explore plus avant ce canevas fascinant qu'est le Design Humain, guidé par les luminaires de son propre inconscient.

TÉMOIGNAGE 3 : La symphonie de la nature

Mélanie, une artiste nourrie par le souffle de Gala, trouve son essence résonnant avec le chant divin de la forêt. Ce troisième acte de notre drame de l'existence met en lumière comment notre Design Humain peut être en harmonie avec les lois naturelles, comme une fleur qui s'ouvre au premier rayon du soleil.

ÉTUDE DE CAS 4 : L'intuition en affaires, un acte de foi

Et finalement, Samuel, un entrepreneur doué d'une intuition en affaires presque mystique, découvre les portes d'énergies de son propre design comme autant de clés ouvrant les trésors de synchronicités. Dans cette finale captivante, nous explorons comment le pragmatisme et la magie cohabitent, et parfois, comment ils dansent ensemble en une ronde inattendue.

Chacun de ces témoignages tisse une fibre unique dans le tapis complexe et merveilleux de notre compréhension collective. Ils montrent comment le Design Humain et les synchronicités peuvent, dans une splendide co-création, écrire les chapitres de nos vies. Chaque histoire est une invitation, une porte ouverte à explorer la profondeur de notre propre scénario, et à écouter la mélodie qui joue lorsque nous sommes en parfait accord avec l'univers.

Dans les pages suivantes, nous plongerons dans le cœur de ces récits, explorant chaque note, chaque couleur, chaque pas de cette danse sublime des connexions divines.

Il convient de noter que les témoignages et études de cas présentés dans ce chapitre sont de nature fictive, conçus pour illustrer les concepts discutés. Cependant, chaque récit est inspiré par des faits et des personnes réelles, ayant vécu des expériences similaires dans leur interaction avec le Design Humain et les synchronicités. Ces histoires servent donc de miroir à la réalité, reflétant les multiples façons dont ces principes peuvent se manifester dans la vie quotidienne.

1. TÉMOIGNAGE 1 : L'orchestration cosmique

Céline, consultante en Design Humain, avait depuis longtemps ressenti une mélodie intérieure qui l'appelait à s'exprimer davantage, à partager ses connaissances avec un auditoire élargi. L'air électrique de ce jour particulier était chargé de potentialités; elle pouvait sentir les notes d'une future symphonie s'élevant doucement en elle. Son centre de la gorge défini, comme un violon prêt à vibrer, l'incitait à trouver une plateforme pour sa voix.

C'est lors d'une pause méditative, enveloppée dans une quiétude réfléchie, qu'elle envoya une requête silencieuse à l'univers. Une mélodie secrète, connue seulement d'elle et du cosmos. Comme par magie, seulement quelques heures plus tard, alors qu'elle savourait un café dans son café préféré, un visage familier fit son apparition. C'était une vieille amie, Éloïse, dont les yeux pétillants révélaient un enthousiasme contagieux.

Éloïse, dans un moment d'exubérance partagée, raconta qu'elle organisait un atelier sur le bien-être et cherchait un conférencier pour animer une session. Les yeux de Céline s'illuminèrent; c'était comme si chaque particule de l'univers avait trouvé sa place, comme si chaque note flottante avait trouvé son chemin dans la partition de sa vie. Elle accepta l'invitation avec un sentiment d'émerveillement pur. Le motif de sa méditation matinale s'était transformé en un véritable tableau vivant.

Ce fut une magnifique danse de synchronicités, une orchestration cosmique où chaque acteur, chaque élément, semblait avoir été disposé avec une précision divine. Pour Céline, ce n'était pas simplement une coïncidence; c'était une affirmation, une note vibrante dans la mélodie de son existence qui lui confirmait qu'elle était sur la bonne voie. Elle était devenue à la fois le compositeur et l'auditeur dans la sublime symphonie de sa vie.

Ce témoignage démontre comment notre Design Humain peut être le chef d'orchestre d'une série d'événements synchronisés. Comme un instrument finement accordé, il peut capturer les fréquences subtiles de l'univers et les transmuter en une musique qui résonne avec les besoins profonds de notre âme. Ce n'était pas simplement une rencontre fortuite, mais plutôt une conjonction sacrée d'énergies, un moment de pur alignement dans le vaste cosmos de possibilités.

2. ÉTUDE DE CAS 2 : Les résonances d'un sceptique

Alexandre, professeur de physique dans une prestigieuse université, était un homme de raison, un sceptique né, pour qui la méthode scientifique était une boussole intellectuelle infaillible. La notion de Design Humain l'attirait et le repoussait en même temps, comme deux pôles magnétiques en conflit. Cependant, une curiosité inexpliquée le poussa à consulter sa propre charte, où il découvrit que son canal 28-38, le canal de la lutte, était activement vibratoire.

La nuit suivant cette révélation, Alexandre fut emporté dans un torrent onirique de défis personnels et professionnels qu'il avait surmontés. Ces rêves étaient étonnamment réalistes, tant et si bien qu'il pouvait presque sentir la texture de la lutte, la sueur et la détermination qu'elle exigeait. Il était frappé par la précision avec laquelle ces rêves captaient la quintessence de ses propres luttes, comme s'il revivait un film de sa vie, scène par scène.

Au réveil, Alexandre fut saisi par une sensation d'humilité mêlée d'émerveillement. Il avait le sentiment d'avoir exploré une dimension cachée de son existence, comme s'il avait voyagé à travers un miroir quantique qui reflétait les profondeurs de son âme. Intrigué, il entreprit d'approfondir ses recherches sur le Design Humain, découvrant des résonances toujours plus nombreuses entre sa charte et ses expériences vécues.

Ce fut une incursion profondément transformatrice pour Alexandre, comme une fissure dans le mur de son scepticisme. Les synchronicités révélées par ses rêves et le reflet étonnamment précis de sa charte le menèrent à une nouvelle ouverture, un espace où la science et le mysticisme pouvaient coexister dans une harmonie subtile. Son canal 28-38 ne se contenta pas de résonner avec sa vie; il se transforma en une clef vibratoire qui ouvrait les portes d'une nouvelle réalité, d'une nouvelle manière de percevoir les intrications invisibles du monde.

L'étude de cas d'Alexandre témoigne du pouvoir du Design Humain à ébranler même les plus fermes convictions et à illuminer les coins les plus sombres de notre scepticisme. Son expérience est la preuve vivante que, même pour ceux qui demeurent dans le château fort de la rationalité, il existe des portes secrètes, des passages qui mènent à des terrains d'entente insoupçonnés où la magie et la logique dansent au rythme de la même musique céleste.

3. TÉMOIGNAGE 3 : La symphonie de la nature

Mélanie, une artiste aux mains façonnées par l'argile de la Terre Mère et aux yeux baignés dans les couleurs de l'arc-en-ciel, entendait en elle l'appel silencieux de la forêt. Ce fut dans cet écrin de verdure qu'elle choisit de s'immerger lors d'une retraite dédiée à l'art et à la spiritualité. Son centre sacré défini était comme une boussole intérieure, pointant toujours vers le mystérieux langage de la nature.

Au cœur de la forêt, entourée par la chorale des arbres et des oiseaux, Mélanie sentit une puissance créative déferler en elle, aussi naturelle que la montée de la sève au printemps. Chaque bruissement de feuille, chaque chant d'oiseau, chaque rayon de lune semblait être une note dans une symphonie sacrée à laquelle elle était invitée à contribuer. Son canal 53-42, le canal de la maturation, trouva une résonance intime avec le cycle de la forêt, une harmonie aussi profonde qu'inexplicable.

Inspirée, Mélanie créa une série d'œuvres d'art, chaque pièce capturant l'essence d'un moment, d'un murmure de la nature, d'une vibration de son être. Lorsqu'elle les contempla, elle réalisa qu'elle avait, sans le savoir, donné forme et couleur à l'énergie circulant à travers elle, comme si elle était devenue le pinceau dans la main de la forêt.

Mélanie en sortit avec la conviction que son Design Humain était comme une clé en résonance avec la symphonie de la nature. Elle comprit que son canal 53-42 n'était pas simplement une configuration énergétique, mais une carte qui la guidait dans le labyrinthe des possibles, vers des expériences enrichissantes et des œuvres d'art qui étaient comme des portails vers le divin.

Ce témoignage souligne le pouvoir éblouissant de l'alignement entre notre fréquence intérieure et les symphonies silencieuses mais puissantes du monde naturel. Pour Mélanie, la forêt n'était pas un simple décor, mais un être vivant et vibrant avec lequel elle entretenait une relation communicative, un échange d'énergie et de sagesse.Sa retraite devint une danse, une célébration de la vie dans toute sa plénitude, une communion où l'artiste et la nature devinrent les co-auteurs d'une réalité partagée, d'une symphonie de l'existence.

4. ÉTUDE DE CAS 4 : L'intuition en affaires, un acte de foi

Samuel, entrepreneur au flair inébranlable, vit dans un monde régi par des chiffres et des graphiques, où chaque décision porte en elle le potentiel de gains et de pertes. Toutefois, dans ce paysage aride de rationalité, une source intérieure coule en lui : son intuition, comme une oasis dans un désert calculé.

En explorant son Design Humain, Samuel découvrit que certaines portes étaient non seulement ouvertes, mais vibrantes d'énergie, comme des balises dans la nuit. Chacune de ces portes semblait éclairer une route sur la carte complexe des décisions commerciales. Cette découverte fut pour lui comme un phare, guidant sa barque entrepreneuriale à travers les eaux souvent tumultueuses du monde des affaires.

Chaque fois qu'il s'en remettait à cette intuition intrinsèque, alignée avec ces portes énergétiques, il découvrait des synchronicités fascinantes. Des contrats se présentaient à lui, des opportunités se matérialisaient comme par magie, des alliances se formaient dans les moments les plus opportuns. Ce n'étaient pas de simples coïncidences, mais des signes clairs que sa fréquence personnelle était en accord avec les forces universelles.

En suivant cette boussole intérieure, Samuel fut capable de naviguer à travers des situations complexes avec une aisance qui laissait ses partenaires et concurrents admiratifs. Il devint pour beaucoup un mystère, un magicien qui semblait avoir un accès privilégié aux secrets du marché. Pourtant, la réponse était là, gravée dans le tissu de son Design Humain, reflétant les principes de la synchronicité en action.

Cette étude de cas révèle la puissance de l'alignement lorsque nous honorons notre Design Humain dans un contexte professionnel. Samuel montre que l'intuition n'est pas un vague sentiment, mais un instrument affiné, une sorte de boussole sophistiquée pour naviguer dans le complexe labyrinthe des affaires. Le respect de son propre Design Humain est devenu pour lui une forme d'acte de foi — non pas en une puissance supérieure, mais en la symphonie silencieuse de l'univers, qui joue pour ceux qui savent écouter.

En suivant cette mélodie subtile, il a trouvé son chemin, évitant les détours et les impasses, et s'est révélé être non seulement un entrepreneur, mais un compositeur de sa propre symphonie de réussite.

À mesure que nous concluons ce chapitre, le mystère envoûtant de synchronicités quantique en symbiose avec l'Human Design commence à se dissiper comme la brume au lever du soleil. Nous avons voyagé à travers le labyrinthe quantique, un cosmos tissé d'infinies connexions, chaque instant sculpté par une danse exquise d'énergies invisibles. Par l'entremise de l'Human Design, nous trouvons un compas doré, une clé pour naviguer cet océan illimité de simultanéité significative—des phares guidant notre voile vers notre authentique trajectoire.

Les témoignages évoqués, bien que confectionnés pour le canevas de cet ouvrage, érigent un pont entre la théorie et la réalité. Ils montrent que ces paradigmes ne sont pas des chimères abstraites mais des forces agissantes, des courants qui sculptent les rivages de nos vies. Ils illuminent les sentiers par lesquels nous pouvons épouser la magie quantique, se fondant plus harmonieusement dans le courant cosmique et touchant du doigt notre potentiel infini.

Mais, chers lecteurs, notre périple ne s'achève pas ici. Le chapitre qui attend à l'horizon promet de vous transporter encore plus loin sur ce chemin d'illumination et d'harmonie. Si les synchronicités ont frappé à la porte de votre âme, si elles ont allumés une flamme d'interrogation et de fascination, préparez-vous à explorer davantage les contrées mystérieuses du Design Humain. Le prochain chapitre—« Exercices de Calibration pour chaque Type d'Human Design »—vous invite à un voyage intérieur encore plus profond. Le trésor à découvrir ? Une connaissance accrue de votre essence profonde et du vaste territoire d'opportunités qui s'étend devant vous. Le cosmos vous appelle; êtes-vous prêt à répondre ?

CHAPITRE 4

Exercices de calibration pour chaque type d'Human Design

L'Human Design n'est pas qu'une carte céleste de notre âme; c'est également une clé qui ouvre la porte à une existence en harmonie avec notre essence la plus pure. Le chapitre précédent nous a guidés à travers les forêts mystiques de synchronicités, révélant la chorégraphie subtile qui orchestre l'univers autour de nous. À présent, il est temps de devenir nous-mêmes les danseurs dans cette valse cosmique, de calibrer nos propres énergies pour qu'elles résonnent en parfaite symphonie avec les mélodies de l'univers.

Considérez ce chapitre comme un sanctuaire d'entraînement énergétique, une salle de gym spirituelle façonnée sur mesure pour chaque unique modèle d'Human Design. Pour les Manifesteurs qui cherchent à accorder leurs fréquences célestes, pour les Générateurs et Manifesteurs Générateurs avides d'unir leurs énergies sacrées aux rythmes du cosmos, pour les Projecteurs qui aspirent à aiguiser leur clairvoyance intuitive, et pour les Réflecteurs en quête d'harmonie au sein de l'incessant carrousel d'énergies environnantes, ce chapitre offre un trésor de sagesse applicable.

Alors, plongeons ensemble dans cette quête, découvrant les exercices, les pratiques et les méditations qui vous initieront non seulement à une connaissance plus profonde de votre propre Design, mais également à une vie baignée dans une synchronicité immaculée avec votre véritable Soi.

EXERCICES SPÉCIFIQUES POUR LES MANIFESTEURS :
Harmoniser et élever vos vibrations

Les Manifesteurs possèdent une énergie unique et puissante qui, lorsqu'elle est utilisée correctement, peut apporter une grande transformation à leur vie et à celle des autres. Pour eux, il est essentiel d'harmoniser cette force afin de manifester de manière efficace et alignée. Voici quelques exercices et activations énergétiques pour aider les Manifesteurs dans cette quête d'alignement :

1. Méditation guidée pour la clarification de l'intention

OBJECTIF :
Cet exercice vise à augmenter la puissance de manifestation des Manifesteurs, en affinant leur capacité à visualiser et à focaliser leurs intentions dans un espace sacré de méditation.

MATÉRIEL :
- Un tapis de méditation ou un lieu confortable où vous ne serez pas dérangé
- Une bougie (optionnelle)
- Une musique douce ou un fond sonore relaxant (optionnel)

INSTRUCTIONS :
Préparation du sanctuaire Intérieur : Choisissez un endroit calme où vous ne serez pas dérangé. Si vous le souhaitez, allumez une bougie pour créer une atmosphère sacrée et mettez une musique douce pour accompagner votre méditation.

Position et Respiration : Asseyez-vous ou allongez-vous dans une position confortable. Fermez les yeux et prenez quelques instants pour arriver dans le présent, en ressentant votre corps et en écoutant votre respiration.

Initiation du voyage intérieur : Commencez par visualiser une lumière dorée éclatante au-dessus de votre tête, comme une étoile céleste qui brille rien que pour vous.

La descente de la lumière : Imaginez lentement cette lumière dorée descendre à travers votre corps. Laissez-la infuser chaque cellule, chaque organe, chaque partie de vous, jusqu'à ce qu'elle atteigne vos pieds.

Focalisation de l'intention : Concentrez-vous maintenant sur l'intention que vous souhaitez manifester. Visualisez-la avec une clarté cristalline, comme si vous regardiez à travers une fenêtre sur cette réalité future. Sentez les émotions, touchez les textures, et vivez chaque détail comme s'il était déjà réalisé.

L'envoi universel : Respirez profondément et, à chaque expiration, imaginez votre intention voyager sur une onde d'énergie, se propageant dans l'Univers. Visualisez cette intention comme une semence fertile que vous plantez dans le sol cosmique.

Clôture et ancrage : Après 10-15 minutes, commencez à ramener votre conscience à votre corps physique. Respirez profondément à plusieurs reprises et, lorsque vous vous sentez prêt, ouvrez les yeux.

FRÉQUENCE :
Pratiquez cet exercice chaque matin ou à tout moment où vous ressentez le besoin de clarifier et d'amplifier votre pouvoir de manifestation.

2. Activation énergétique du chakra de la gorge

OBJECTIF :
Ce rituel est conçu pour les Manifesteurs qui souhaitent équilibrer et amplifier leur chakra de la gorge, le centre énergétique associé à la communication et à l'expression personnelle.

MATÉRIEL :
- Un espace dégagé où vous pouvez vous tenir debout
- Un miroir (optionnel)
- Un bol chantant ou un instrument à tonalité claire (optionnel)

INSTRUCTIONS :
Préparation de l'espace : Choisissez un endroit où vous ne serez pas dérangé. Si possible, utilisez un miroir pour vous aider à vous concentrer sur votre gorge.
Posture initiale : Tenez-vous debout, les pieds fermement plantés sur le sol, écartés à la largeur de vos épaules pour un ancrage optimal.
Position des mains : Placez doucement vos mains sur votre chakra de la gorge, comme si vous teniez un bijou précieux entre vos doigts.
Le son sacré "HAM" : Inspirez profondément par le nez et, à l'expiration, chantez le mantra "HAM" (prononcé HAA-UU-MM). Permettez à la vibration de ce son sacré de résonner dans votre gorge.
Visualisation : Pendant que vous chantez, imaginez une lumière bleue émanant de votre gorge. Visualisez cette lumière comme une sphère qui se dilate, touchant chaque partie de votre corps et même au-delà.
Extension de l'énergie : À chaque répétition du mantra, sentez

cette lumière bleue se propager à travers votre corps, votre esprit, et dans l'espace autour de vous.

Durée et fermeture : Continuez cet exercice pendant 5-10 minutes. À la fin, prenez quelques instants pour ressentir les effets de cette activation. Vous pouvez terminer par quelques respirations profondes, en fermant les yeux.

FRÉQUENCE :

Intégrez cette pratique dans votre routine quotidienne ou chaque fois que vous vous sentez bloqué au niveau de la communication ou de l'expression de soi.

---

3. Journal de manifestation

OBJECTIF :

Ce journal est votre tableau de bord de manifestation. Il vise à vous aider à garder un registre précis de vos intentions, vos actions et vos réalisations, tout en vous permettant d'évaluer et de réajuster votre trajectoire.

MATÉRIEL :
- Un journal ou un cahier dédié
- Un stylo que vous aimez utiliser
- Bougies, encens ou huiles essentielles pour créer une atmosphère propice (optionnel)

INSTRUCTIONS :

Création de l'espace : Avant de commencer, installez-vous dans un espace où vous vous sentez confortable et serein. Allumez des bougies ou de l'encens si vous le souhaitez.

Initialisation du journal : Ouvrez votre journal et inscrivez la date du jour en haut de la page. Ceci vous aidera à suivre vos progrès au fil du temps.

Notation des intentions : Ecrivez clairement vos intentions pour la journée écoulée ou pour le jour à venir. Soyez aussi spécifique que possible pour vous aligner avec vos désirs.

Récapitulatif de la journée : Notez tous les événements ou coïncidences synchroniques qui ont eu lieu et qui semblent être en lien avec vos intentions. Cela peut être aussi simple qu'une pensée qui vous est venue ou un obstacle que vous avez surmonté.

Affirmations positives : Utilisez des affirmations pour renforcer votre état d'esprit et votre pouvoir de manifestation. Par exemple : "Je suis le créateur de ma réalité" ou "Tout ce que je cherche me cherche également".

Examen hebdomadaire : Prenez du temps chaque semaine pour parcourir vos entrées précédentes. Notez vos progrès, les obstacles que vous avez rencontrés, et réajustez vos intentions pour la semaine à venir en conséquence.

Réflexion et fermeture : Prenez quelques instants pour ressentir de la gratitude pour vos réalisations, petites ou grandes, et pour mettre en lumière les leçons apprises.

FRÉQUENCE :
Faites de cet exercice une routine quotidienne pour maximiser son efficacité. Il peut être particulièrement bénéfique de le faire chaque soir, pour un état de réflexion optimale.

4. Exercice d'ancrage terrestre

OBJECTIF :
L'objectif de cet exercice est de vous aider à vous ancrer solidement dans la réalité physique, reliant ainsi vos intentions éthérées au monde tangible. C'est un pas fondamental pour manifester efficacement vos désirs et vos rêves.

MATÉRIEL :
- Un espace extérieur avec un accès à l'herbe, la terre ou même le sable
- Un minuteur pour suivre le temps (optionnel)

INSTRUCTIONS :

Choix du lieu : Trouvez un endroit en plein air où vous vous sentez à l'aise et connecté à la nature. Idéalement, cela devrait être un espace où vous pouvez vous tenir pieds nus sur l'herbe, la terre, ou le sable.

Préparation : Enlevez vos chaussures et vos chaussettes, et tenez-vous debout dans votre espace choisi. Prenez quelques instants pour respirer profondément, vous concentrant sur l'air entrant et sortant de vos poumons.

Visualisation des racines : Fermez les yeux et imaginez des racines sortant de la plante de vos pieds, s'enfonçant profondément dans la terre. Visualisez-les s'ancrant fermement dans le noyau de la Terre.

Connexion énergétique : Visualisez maintenant l'énergie de la Terre remontant par ces racines. Imaginez cette énergie vitale nourrissant chaque cellule, chaque fibre de votre être, depuis vos pieds jusqu'au sommet de votre tête.

Respiration consciente : À chaque inspiration, imaginez cette énergie terrestre s'accumulant dans votre plexus solaire ou votre cœur. À chaque expiration, imaginez cette énergie se distribuant dans tout votre corps, revitalisant chaque partie de vous-même.

Fermeture : Lorsque vous êtes prêt, ouvrez les yeux, remettez vos chaussures et prenez un moment pour ressentir la connexion profonde que vous avez établie avec la Terre. Ressentez-vous plus ancré? Plus en phase avec vos intentions?

DURÉE :

Pratiquez cet exercice pendant environ 10 à 15 minutes, ou aussi longtemps que vous le sentez nécessaire. Il peut être avantageux de faire cet exercice régulièrement, surtout lors de moments où vous vous sentez déconnecté ou éparpillé.

Cet exercice complète votre palette d'outils pour les Manifesteurs, offrant une technique puissante pour le renforcement de l'ancrage terrestre, ce qui est souvent négligé mais essentiel dans le processus de manifestation.

5. Bains de Sels d'Épsom

OBJECTIF :

Ce rituel de bain vise à revitaliser l'énergie des Manifesteurs en les aidant à libérer toute tension ou stagnation. Les sels d'Épsom, riches en magnésium, ont la capacité de détendre les muscles, de soulager le stress et de purifier le champ énergétique.

MATÉRIEL :
- Une baignoire
- 2 tasses de sels d'Épsom
- Une bougie parfumée ou des huiles essentielles pour l'ambiance (optionnel)
- De la musique apaisante (optionnel)

INSTRUCTIONS :

Préparation de la baignoire : Remplissez votre baignoire d'eau chaude à une température qui vous est confortable. Assurez-vous que l'eau est assez chaude pour permettre une relaxation optimale, mais pas au point de vous brûler.

Ajout des sels : Ajoutez 2 tasses de sels d'Épsom à l'eau, en remuant légèrement pour aider à la dissolution des sels.

Ambiance : Pour une expérience encore plus relaxante, vous pouvez allumer une bougie parfumée ou ajouter quelques gouttes d'huile essentielle dans l'eau. Mettez de la musique apaisante si cela vous aide à vous détendre.

Immersion : Descendez lentement dans la baignoire et laissez votre corps s'adapter à la température de l'eau. Asseyez-vous ou allongez-vous de manière confortable.

Visualisation purificatrice : Fermez les yeux et imaginez toute énergie stagnante ou négative quittant votre corps, remplacée par une énergie pure et revitalisante. Visualisez cette énergie comme une lumière, une couleur, ou toute autre forme qui vous parle.

Durée : Restez immergé pendant 20 à 30 minutes. Prenez ce temps pour vraiment vous connecter avec votre être intérieur, laissant les sels d'Épsom faire leur travail de purification.

Clôture : Une fois que vous avez terminé, sortez lentement de la baignoire et séchez-vous doucement avec une serviette. Prenez un moment pour ressentir les effets de cette expérience sur votre corps et votre esprit.

Cet exercice offre non seulement un moment de détente physique mais sert également à réaligner les énergies des Manifesteurs, rendant ainsi l'acte de manifester encore plus fluide et efficace.

BONUS : Activation énergétique pour les Manifesteurs

Cet exercice d'activation énergétique, lorsqu'il est jumelé à la musique binaurale de 528 Hz, peut non seulement élever l'énergie des Manifesteurs mais aussi les aider à se sentir plus connectés et enracinés à leurs intentions et à l'énergie universelle.

Commencez par fermer doucement vos yeux. Respirez profondément, inspirant par le nez et expirant par la bouche. Chaque respiration vous détend davantage.

Sentez votre corps devenir plus léger, comme si une douce énergie commençait à l'entourer. Imaginez une lumière blanche et brillante au-dessus de votre tête, douce et bienveillante.

Cette lumière commence à descendre, touchant d'abord le sommet de votre tête. Elle se déverse dans votre corps, illuminant chaque cellule, chaque espace.

La lumière continue de descendre, purifiant et élevant l'énergie de votre troisième œil, de votre gorge, atteignant votre cœur. Sentez votre cœur s'ouvrir et expansé avec cette énergie.

La lumière coule plus bas, enveloppant votre plexus solaire, votre sacrum, et enfin votre chakra racine. Votre corps entier est maintenant baigné de cette lumière éclatante.

Imaginez cette lumière se propageant encore plus bas, créant des racines qui sortent de vos pieds et s'ancrent profondément dans la Terre, vous reliant à son énergie puissante et nourrissante.

Commencez à sentir une énergie montante depuis ces racines, une énergie terrestre chaude et rouge, fusionnant avec la lumière blanche dans une danse harmonieuse.

Visualisez maintenant une spirale d'énergie, formée par ces deux forces, montant et descendant dans votre corps, alignant, équilibrant, et amplifiant votre pouvoir manifestant.

Répétez silencieusement ou à haute voix : "Je suis puissant, je suis aligné, je manifeste avec clarté et intention".

Prenez une profonde respiration, gardez-la quelques secondes, puis relâchez tout en expirant. Sentez cette nouvelle énergie intégrée dans votre être, prête à vous soutenir dans vos intentions et manifestations.

Lorsque vous êtes prêt, commencez à bouger doucement vos doigts et vos orteils, revenant à votre conscience normale. Ouvrez les yeux avec gratitude et assurance, prêt à affronter le monde avec cette énergie nouvellement calibrée.

EXERCICES POUR LES GÉNÉRATEURS ET LES GÉNÉRATEURS MANIFESTEURS pour capitaliser sur leur énergie sacrale.

Les Générateurs et les Manifesteurs Générateurs sont bénis avec une énergie sacrale abondante. C'est leur moteur, leur source inépuisable d'énergie vitale. Capitaliser sur cette énergie est essentiel pour ces types, car cela leur permet de créer, de travailler et d'interagir avec le monde d'une manière qui est alignée avec leur véritable essence.

1. Respiration sacrale

OBJECTIF :
L'exercice vise à éveiller et activer le centre sacral des Générateurs, un élément clé dans leur Human Design. Cet exercice de respiration est spécialement conçu pour aider les Générateurs à se connecter à leur puissance sacrale, facilitant ainsi la prise de décisions et l'engagement dans des actions qui leur apportent de la satisfaction et de la vitalité.

MATÉRIEL :
- Un espace calme où vous ne serez pas dérangé.
- Un coussin ou une chaise confortable.

INSTRUCTIONS :
Préparation : Trouvez un espace calme où vous pouvez vous asseoir confortablement sans être dérangé. Asseyez-vous sur un coussin ou une chaise, les pieds à plat sur le sol et les mains reposant sur les genoux.
Concentration : Fermez les yeux et commencez à diriger votre attention vers la région sacrale, qui se trouve juste en dessous de votre nombril. Prenez quelques instants pour sentir cette zone, remarquant toute sensation qui s'y présente.

Inspiration sacrale : Inspirez profondément par le nez, et imaginez une lumière orange vif se remplissant dans votre région sacrale. Visualisez cette lumière comme l'incarnation de votre énergie vitale.

Expiration Purificatrice : Expirez lentement par la bouche, visualisant toute tension, blocage ou énergie stagnante quittant votre corps avec le souffle.

Répétition : Répétez ce cycle d'inspiration et d'expiration pendant 5 à 10 minutes. Focalisez-vous sur la lumière orange, laissant chaque respiration renforcer cette connexion avec votre centre sacral.

Clôture : Lorsque vous avez terminé, ouvrez lentement les yeux et prenez quelques instants pour ressentir les effets de cette méditation sur votre corps et votre esprit. Notez toute sensation de vitalité ou de clarté dans votre centre sacral.

La pratique régulière de cet exercice peut aider les Générateurs à mieux comprendre et utiliser leur énergie sacrale, ce qui est essentiel pour vivre une vie alignée selon leur Human Design.

---

2. Mouvement sacral

OBJECTIF :

Cet exercice vise à libérer toute énergie bloquée dans le centre sacral, stimulant ainsi la force vitale des Générateurs. La danse et le mouvement sont utilisés comme véhicules pour cette libération énergétique, permettant aux Générateurs de se connecter plus intimement avec leur essence vitale.

MATÉRIEL :
- Un espace ouvert où vous pouvez vous déplacer librement.
- Une liste de musique qui vous inspire à bouger.

INSTRUCTIONS :

Préparation : Trouvez un espace où vous avez suffisamment de place pour vous déplacer. Sélectionnez votre liste de musique et préparez-vous à l'écouter.

Début du mouvement : Mettez de la musique qui vous inspire à bouger. Le but n'est pas de réaliser une performance chorégraphiée mais plutôt de laisser votre corps s'exprimer librement.

Lâcher-prise : Commencez à danser en vous laissant guider par vos instincts. Particulièrement, laissez votre bassin et votre région sacrale prendre le devant de la scène. Laissez ces parties de votre corps se mouvoir de manière à stimuler le centre sacral.

Expression libre : N'analysez pas ou ne jugez pas vos mouvements. Ce n'est pas une performance mais une libération. Laissez-vous aller dans l'instant, sachant que chaque mouvement est un pas vers une meilleure connexion avec votre propre énergie.

Durée : Continuez cette danse instinctive pendant au moins 10 minutes. Plus vous pouvez vous immerger dans le mouvement, plus vous libérerez d'énergie bloquée.

Clôture : Pour terminer, ralentissez graduellement vos mouvements, en prenant quelques instants pour vous recentrer. Respirez profondément et sentez les effets revitalisants de l'exercice. Vous pourriez ressentir un sens accru de vivacité et de connexion à votre énergie sacrale.

Ce type d'exercice est particulièrement bénéfique pour les Générateurs qui se sentent souvent bloqués ou encombrés. Il offre un moyen vivant de redécouvrir et de revitaliser leur puissance sacrale.

---

3. Méditation sacrale guidée

OBJECTIF :

Cet exercice de méditation est conçu pour ancrer et canaliser l'énergie du centre sacral. Il vise à aider les Générateurs à se connecter à leur puissance intérieure, revitalisant ainsi chaque cellule de leur corps.

MATÉRIEL :

Un espace calme et tranquille pour méditer.

INSTRUCTIONS :

Préparation : Trouvez un endroit paisible où vous ne serez pas dérangé. Vous pouvez vous asseoir sur un coussin de méditation ou vous allonger sur un tapis. Assurez-vous que votre dos est droit pour permettre une circulation fluide de l'énergie.

Ancrage : Fermez les yeux et prenez quelques respirations

profondes pour vous centrer. Portez ensuite votre attention sur votre centre sacral, situé juste en dessous du nombril.

Visualisation de la sphère : Imaginez une sphère lumineuse de couleur orange dans cette région. Cette sphère est le noyau de votre énergie sacrale.

Respiration et expansion : À chaque inspiration, visualisez cette sphère orange se dilatant, comme si elle s'emplissait d'énergie vitale. À chaque expiration, imaginez-la se contracter légèrement, pulsant d'une énergie radieuse.

Diffusion de l'énergie : Imaginez cette énergie sacrale se propageant à partir de la sphère, circulant à travers chaque veine, chaque organe et chaque cellule de votre corps. Visualisez cette énergie comme revitalisante et nourrissante, imbue d'un pouvoir de régénération.

Durée : Continuez cette méditation pendant environ 15 minutes. Vous pouvez augmenter ce temps si vous vous sentez à l'aise.

Clôture : Pour terminer la méditation, ramenez votre conscience à votre souffle. Prenez quelques inspirations profondes, ouvrez lentement les yeux et revenez à la conscience ordinaire.

La pratique régulière de cette méditation peut aider les Générateurs à mieux comprendre et canaliser leur énergie sacrale, ce qui est essentiel pour naviguer les défis et les opportunités de la vie.

4. Journalisation sacrale

OBJECTIF :

L'exercice de journalisation sacrale a pour but d'aider les Générateurs à se connecter de façon intime avec leur centre sacral, où réside leur puissance vitale et instinctive. Cela vous permettra de comprendre ce que votre intuition et vos instincts veulent vous dire, et de suivre plus précisément votre propre vérité.

MATÉRIEL :
- Un carnet ou journal
- Un stylo ou un crayon

INSTRUCITONS :

Préparation : Prenez quelques instants pour vous asseoir confortablement et respirer profondément, centré sur votre centre sacral.

Poser la question : Ouvrez votre carnet et écrivez en haut de la page : "Qu'est-ce que mon énergie sacrale veut me dire aujourd'hui ?"

Écriture libre : Laissez votre stylo glisser sur le papier sans trop réfléchir. Écrivez librement toutes les pensées, sentiments, et intuitions qui viennent à vous. Ne jugez pas et ne censurez pas ce que vous écrivez.

Temps : Accordez-vous au moins 10 à 15 minutes pour cet exercice, mais n'hésitez pas à écrire plus longuement si vous le souhaitez.

Réflexion : Une fois l'exercice terminé, relisez ce que vous avez écrit. Notez tout motif, toute idée ou tout sentiment récurrent. Ce sont peut-être des indices précieux sur ce que votre centre sacral souhaite que vous sachiez.

Pratique régulière : Répétez cet exercice aussi souvent que nécessaire pour développer une relation intime et instructive avec votre centre sacral.

La journalisation sacrale peut devenir un outil puissant dans votre boîte à outils de développement personnel. Elle vous permettra non seulement de mieux comprendre vos désirs et besoins instinctifs, mais aussi d'apprendre à écouter votre intuition, ce qui est crucial pour une vie alignée.

5. Affirmations sacrales

OBJECTIF :

Les affirmations sacrales visent à ancrer les Générateurs dans leur énergie sacrale. Ce rituel quotidien contribue à aligner les pensées et les actions avec cette puissante source d'énergie vitale, facilitant ainsi une vie plus alignée et authentique.

MATÉRIEL :

- Un espace calme pour la méditation
- Optionnel : des cartes d'affirmation ou un carnet pour enregistrer les affirmations

INSTRUCTIONS :

Préparation : Trouvez un endroit calme où vous ne serez pas dérangé. Asseyez-vous confortablement ou tenez-vous debout, les pieds bien ancrés au sol. Prenez quelques respirations profondes, concentrant votre attention sur votre centre sacral.

Énonciation des affirmations : Répétez les affirmations suivantes à haute voix ou dans votre esprit, en les ressentant pleinement :

"Je suis en harmonie avec mon énergie vitale."

"Mon centre sacral est une source inépuisable de pouvoir et de créativité."

"Je suis guidé par mes instincts et je leur fais confiance."

"Chaque action que je prends est alimentée par mon énergie vitale."

Visualisation : En énonçant chaque affirmation, visualisez une lumière orange émanant de votre centre sacral et remplissant tout votre être.

Résonance : Laissez ces affirmations résonner dans tout votre corps. Sentez comment chaque mot vibre avec votre énergie sacrale.

Ritualisation : Faites de cet exercice une pratique quotidienne. Pour plus d'impact, vous pouvez même écrire ces affirmations sur des cartes et les placer dans des endroits que vous fréquentez régulièrement.

Les affirmations sont des outils puissants pour remodeler nos schémas de pensée et influencer positivement notre réalité. En pratiquant ces affirmations quotidiennes, vous renforcerez votre connexion avec votre énergie sacrale, encourageant ainsi une vie plus alignée et épanouie.

BONUS | Activation énergétique pour Générateurs et Générateurs Manifesteurs

Cette activation énergétique aidera les Générateurs et les Manifesteurs Générateurs à se connecter profondément à leur énergie sacrale, renforçant leur pouvoir inné et leur alignement avec leurs véritables désirs.

Durée : 15-20 minutes

Fond sonore recommandé : Musique douce et apaisante à 639 Hz (connexion et relations)

Pendant que la musique commence doucement en arrière-plan...

"Installez-vous confortablement, que ce soit assis ou allongé, et fermez doucement les yeux. Respirez profondément, en inspirant par le nez et en expirant par la bouche. Faites-le encore, permettant à chaque respiration d'être plus profonde que la précédente."

Pause pour la respiration

"Visualisez une lumière orange brillante, lumineuse et chaude, émanant du centre juste en dessous de votre nombril - votre centre sacral. Cette lumière pulsative est la source de votre puissance créatrice, votre essence vitale."

Pause pour la visualisation

"Imaginez cette lumière orange qui se dilate à chaque inspiration, se répandant dans tout votre corps, revitalisant chaque cellule, chaque fibre. Avec chaque expiration, libérez tout ce qui ne vous sert plus."

Pause pour la méditation

"Maintenant, imaginez une corde d'énergie partant de votre centre sacral et s'enfonçant profondément dans la terre, vous ancrant solidement à la Terre Mère. Sentez cette connexion profonde et puissante."

Pause pour la connexion

"Alors que cette lumière continue de pulser, imaginez maintenant qu'elle attire à vous des opportunités, des expériences et des personnes qui résonnent à cette même fréquence. Vous êtes un aimant pour l'abondance, la créativité et la joie."

Pause pour l'intégration

"Répétez mentalement après moi: 'Je suis en harmonie avec mon énergie vitale. Chaque action que je prends est alignée avec mon véritable désir. Je fais confiance à mes instincts et je suis guidé par mon énergie sacrale.'"

Pause pour la répétition

"Continuez de respirer profondément, permettant à cette énergie et à ces affirmations de s'intégrer complètement. Sentez-vous revitalisé, dynamisé et en parfaite harmonie avec votre essence."

Pause pour la méditation

"Lorsque vous êtes prêt, commencez à bouger doucement vos doigts et vos orteils. Ramenez votre conscience à votre environnement immédiat. Et quand vous vous sentez prêt, ouvrez les yeux, emportant avec vous cette énergie revitalisée et cette nouvelle compréhension de votre puissance sacrale."

EXERCICES POUR LES PROJECTEURS afin d'accéder à une clarté intuitive

Les Projecteurs représentent environ 20 % de la population et ont une approche unique de l'énergie. Ils n'ont pas leur propre source d'énergie sacrale, mais ils ont une capacité exceptionnelle à guider et à diriger les énergies des autres. La clarté intuitive est essentielle pour les Projecteurs car elle leur permet de comprendre où et comment guider ces énergies pour le bien de tous. Voici quelques techniques spécifiquement conçues pour aider les Projecteurs à affiner et à exploiter cette intuition.

1. Méditation de centrage pour Projecteurs

OBJECTIF :
Cette méditation vise à aider les Projecteurs à se centrer en eux-mêmes, à distinguer leur propre énergie de celle des autres, et à mieux écouter leurs intuitions. Idéale pour les moments où vous vous sentez submergé par des influences extérieures.

MATÉRIEL :
- Un espace tranquille pour la méditation
- Optionnel : une musique apaisante, des huiles essentielles pour aider à la relaxation

INSTRUCTIONS :
Préparation : Trouvez un endroit paisible et installez-vous confortablement. Vous pouvez vous asseoir sur une chaise ou sur un coussin, en veillant à garder le dos droit pour permettre une meilleure circulation de l'énergie.
Respiration initiale : Fermez les yeux et prenez quelques instants pour respirer profondément. Laissez aller toutes les tensions et préoccupations du moment.
Visualisation de la lumière : Imaginez une lumière blanche pure descendant du ciel ou de l'univers. Visualisez cette lumière pénétrant par le sommet de votre tête, se diffusant doucement à travers chaque cellule de votre corps jusqu'à atteindre vos pieds.
Nettoyage énergétique : Alors que cette lumière vous traverse,

imaginez-la purifiant et éliminant toute énergie qui n'est pas la vôtre. Sentez comment elle nettoie chaque fibre de votre être.

Centrage : Une fois que vous vous sentez purifié, visualisez cette lumière se concentrant au niveau de votre cœur ou de votre plexus solaire, vous aidant à vous centrer en vous-même.

Affirmation : Répétez mentalement ou à voix haute : "Je suis centré en moi-même. Je distingue clairement mon énergie de celle des autres. Mon intuition est mon guide."

Clôture : Respirez profondément quelques fois, ancrant cette nouvelle sensation de clarté et de centrage. Lorsque vous vous sentez prêt, ouvrez les yeux.

La Méditation de Centrage est une pratique puissante pour les Projecteurs. En l'ajoutant à votre routine quotidienne, vous renforcerez votre capacité à naviguer dans le monde tout en restant fidèle à votre propre énergie et intuition.

2. Journal intuitif pour Projecteurs

OBJECTIF :
L'objectif de cet exercice est de permettre aux Projecteurs de se connecter plus profondément avec leur intuition, de déceler des schémas de pensée et des messages intérieurs qui pourraient autrement passer inaperçus.

MATÉRIEL :
- Un cahier ou journal dédié à cette pratique
- Un stylo ou crayon
- Un endroit paisible pour écrire

INSTRUCTIONS :

Créer l'espace : Trouvez un endroit paisible où vous pourrez vous asseoir pendant quelques minutes sans être dérangé. Allumez une bougie ou diffusez des huiles essentielles si cela vous aide à créer une atmosphère propice à l'introspection.

Respirer : Prenez quelques respirations profondes pour vous recentrer. Fermez les yeux pendant un moment, le temps de vous connecter à votre moi intérieur.

Ouverture du journal : Ouvrez votre cahier et écrivez la date du jour en haut de la première page vide.

Écriture libre : Commencez à écrire tout ce qui vous vient à l'esprit. Ne vous censurez pas, n'analysez pas vos pensées et ne vous souciez pas de l'orthographe ou de la grammaire. Laissez les mots couler librement.

Durée : Consacrez au moins 5-10 minutes à cet exercice, mais vous pouvez écrire aussi longtemps que vous le souhaitez.

Fermeture : Une fois que vous avez terminé, prenez quelques instants pour respirer et fermez le journal. Vous pouvez terminer par une affirmation telle que : "Je suis en connexion profonde avec mon intuition et je suis guidé dans ma vie."

Réflexion hebdomadaire : Une fois par semaine, prenez le temps de relire vos entrées pour voir si certains thèmes, idées ou intuitions récurrents émergent. Cela peut vous donner des indices sur les aspects de votre vie qui requièrent votre attention.

Cet exercice de journalisation peut être incroyablement révélateur et transformateur. Il sert non seulement de catalyseur pour une meilleure compréhension de soi mais également comme un outil pour honorer et valider votre propre sagesse intérieure.

3. Balayage énergétique pour Projecteurs

OBJECTIF :

Cet exercice vise à aider les Projecteurs à identifier et à libérer les énergies qui ne leur sont pas propres, ainsi qu'à détecter des zones de tension ou de déséquilibre dans leur propre corps énergétique. Ce faisant, ils peuvent revenir à un état d'équilibre et de clarté, ce qui est crucial pour leur bien-être.

MATÉRIEL :
- Un espace calme où vous ne serez pas dérangé
- Une chaise ou un tapis pour s'asseoir confortablement

INSTRUCITONS :

Préparation de l'espace : Trouvez un lieu tranquille où vous pourrez vous asseoir ou vous allonger sans être dérangé. Vous pouvez allumer une bougie, jouer de la musique douce ou utiliser des huiles essentielles pour créer un environnement apaisant.

Centrage : Fermez les yeux et prenez plusieurs respirations profondes pour vous centrer. Vous pouvez placer vos mains sur votre cœur ou votre ventre si cela vous aide à vous connecter à votre propre énergie.

Balayage énergétique : Imaginez une lumière blanche ou une énergie douce qui commence à scanner votre corps depuis le sommet de votre tête, descendant lentement vers vos pieds. Essayez de ressentir chaque partie de votre corps au fur et à mesure que la lumière se déplace.

Identification des zones de tension : Notez mentalement toutes les zones où vous ressentez de la tension, de la lourdeur ou un autre type de déséquilibre. Ne jugez pas ces sensations, observez-les simplement.

Questionnement : Pour chaque zone de tension ou de lourdeur, posez-vous la question : "Est-ce que cette énergie m'appartient, ou est-ce l'énergie de quelqu'un d'autre ?"

Libération : Si vous identifiez des énergies qui ne vous appartiennent pas, imaginez les renvoyer doucement à la Terre ou à la personne à laquelle elles appartiennent, transformées en énergie positive.

Recentrage : Une fois que vous avez terminé le balayage et la libération des énergies, prenez quelques respirations profondes et recentrez-vous. Remerciez-vous pour le temps que vous avez pris pour prendre soin de vous.

Évaluation : Après l'exercice, prenez quelques minutes pour noter les sensations, les révélations ou les messages qui sont venus à vous pendant le balayage énergétique.

Cet exercice est idéal pour les Projecteurs qui sont souvent enclins à absorber les énergies environnantes. Il peut être pratiqué régulièrement pour maintenir un état d'équilibre et de bien-être.

4. Exercice d'ancrage pour Projecteurs

OBJECTIF :
L'ancrage est particulièrement important pour les Projecteurs, qui peuvent souvent se sentir submergés par les énergies environnantes. Cet exercice vise à les connecter solidement à la Terre, leur permettant de libérer toute énergie superflue ou négative et de revenir à un état de centrage et de calme.

MATÉRIEL :
- Un espace calme en intérieur ou en plein air
- Une chaise, un tapis ou même l'herbe naturelle pour s'asseoir ou se tenir debout

INSTRUCTIONS :
Préparation de l'espace : Trouvez un endroit paisible où vous ne serez pas dérangé. Si possible, enlevez vos chaussures pour un contact direct avec le sol ou la terre.
Positionnement : Asseyez-vous confortablement sur une chaise avec les pieds à plat sur le sol, ou tenez-vous debout sur la terre ou l'herbe. Placez vos mains sur vos genoux ou à vos côtés.
Respiration : Fermez les yeux et prenez quelques respirations profondes, sentant votre corps se détendre de plus en plus à chaque expiration.
Visualisation des racines : Imaginez de solides racines qui sortent de la plante de vos pieds et s'enfoncent profondément dans la terre, vous connectant solidement au cœur de la planète.
Libération d'énergie : Visualisez toute énergie stagnante, négative ou superflue s'écoulant de votre corps, descendant le long de ces racines pour être absorbée par la Terre. Imaginez la Terre recyclant cette énergie en quelque chose de positif et de bénéfique.
Rechargement : Imaginez maintenant une énergie nourrissante provenant de la Terre qui monte par ces racines, remplissant chaque cellule de votre corps avec vitalité, équilibre et calme.
Recentrage et clôture : Prenez quelques respirations profondes, intégrant cette nouvelle énergie. Lorsque vous êtes prêt, ouvrez les yeux et revenez à votre espace. Vous pouvez également étirer vos bras et jambes pour intégrer pleinement cette expérience.
Réflexion : Prenez un moment pour noter les sensations ou les révélations qui se sont manifestées pendant l'exercice d'ancrage.

Est-ce que vous vous sentez plus ancré, plus centré, plus en paix ?

Cet exercice est excellent pour les Projecteurs qui ressentent le besoin de se recentrer, surtout après des interactions sociales ou des périodes de stress. Il peut être pratiqué aussi souvent que nécessaire pour maintenir un état de bien-être et d'équilibre.

5.Technique du miroir pour Projecteurs

OBJECTIF :

Cette technique est particulièrement utile pour les Projecteurs, qui ont souvent tendance à absorber les énergies extérieures. Elle vise à transformer les interactions quotidiennes et les événements déclencheurs en occasions d'apprentissage et de croissance personnelle.

MATÉRIEL :

Un carnet et un stylo pour prendre des notes (optionnel)

INSTRUCTIONS :

Prise de conscience : Lorsque vous ressentez une forte réaction émotionnelle en réponse à une situation ou à une personne, prenez un moment pour vous arrêter. Respirez profondément quelques fois pour vous aider à vous centrer.

Questionnement : Demandez-vous intérieurement : "Qu'est-ce que cette situation ou cette personne reflète en moi ?". Essayez d'identifier les émotions, les pensées ou les croyances qui ont été déclenchées.

Exploration intérieure : Plongez profondément en vous-même pour examiner ces émotions ou ces croyances. Est-ce qu'elles vous servent ? D'où viennent-elles ? Sont-elles vraiment les vôtres ou avez-vous absorbé celles de quelqu'un d'autre ?

Interprétation et réflexion : Essayez de comprendre ce que cette réaction peut enseigner sur vous-même. Peut-être cela révèle-t-il une blessure ancienne qui a besoin de guérison, ou peut-être cela vous met-il en contact avec des valeurs ou des désirs profonds.

Documentation (Optionnel) : Ouvrez votre carnet et notez vos découvertes. Mettre les choses par écrit peut souvent apporter des clarifications supplémentaires et vous aider à suivre votre progression au fil du temps.

Action et libération : En fonction de votre réflexion, déterminez les actions à prendre. Cela peut aller de la simple acceptation et libération de l'émotion à la prise de mesures concrètes pour le changement.

Reconnaissance et gratitude : Prenez un moment pour reconnaître la leçon ou le message qui s'est révélé à travers cette interaction. Soyez reconnaissant pour l'opportunité de croissance et de meilleure connaissance de vous-même.

Cette technique peut être particulièrement révélatrice et transformatrice si elle est pratiquée régulièrement. Elle vous aide non seulement à naviguer plus facilement dans vos interactions avec les autres, mais également à vous comprendre plus profondément.

BONUS | Activation énergétique pour les Projecteurs: Canaliser l'intuition

Cet exercice d'activation vise à aider les Projecteurs à se connecter plus profondément à leur intuition et à leur clairvoyance innées, tout en restant ancrés et centrés dans leur propre énergie.

Durée: 15-20 minutes

Musique de fond: Optez pour des fréquences de 528 Hz, connues pour favoriser la clarté de l'esprit, l'intuition, et la transformation.

"Respirez profondément et commencez à vous détendre. Trouvez une position confortable et fermez doucement les yeux. Laissez la musique de 528 Hz vous envelopper, éveillant votre intuition profonde."

Phase 1 - Nettoyage :

"Imaginez une lumière dorée descendre du ciel. Elle entre par le sommet de votre tête, voyageant lentement, purifiant chaque cellule, chaque fibre de votre être. Toute confusion, toute énergie qui ne vous appartient pas est balayée par cette lumière."

Phase 2 - Connexion au Cœur :

"Concentrez-vous maintenant sur votre cœur. Ressentez sa puissance et sa sagesse. Imaginez une spirale de lumière émeraude émanant de votre cœur, vous connectant au flux de l'univers et à votre intuition profonde."

Phase 3 - Amplification de l'Intuition :

"Visualisez maintenant un troisième œil lumineux au milieu de votre

front. Ressentez sa pulsation à mesure qu'il s'ouvre et s'active. Ce troisième œil vous offre une clairvoyance et une perception accrues. Laissez-le filtrer et amplifier les messages intuitifs que vous êtes censé recevoir aujourd'hui."

Phase 4 - Ancrage :

"Imaginez maintenant des racines d'énergie s'étendant de vos pieds profondément dans la terre. Elles vous stabilisent, garantissant que votre intuition accrue ne vous submerge pas, mais vous sert de guide."

Conclusion :

"Inspirez profondément, absorbant toute l'énergie et la sagesse que vous avez débloquées aujourd'hui. Lorsque vous êtes prêt, commencez à bouger doucement vos doigts et vos orteils. Ouvrez les yeux, ramenant avec vous votre intuition réveillée et une clarté renouvelée pour guider vos actions."

MÉDITATIONS POUR LES RÉFLECTEURS pour canaliser les énergies fluctuantes.

Les Réflecteurs, étant les miroirs de l'Human Design, sont profondément influencés par l'énergie qui les entoure. Parce qu'ils ne possèdent aucun centre défini, ils sont en constante mutation et adaptation, reflétant l'environnement dans lequel ils se trouvent. Cette sensibilité unique les rend particulièrement réceptifs aux énergies environnantes, ce qui peut parfois être écrasant. Il est donc essentiel qu'ils disposent d'outils pour canaliser et équilibrer ces énergies fluctuantes.

1. Méditation lunaire pour Réflecteurs

OBJECTIF :

Cette méditation vise à aider les Réflecteurs à se connecter aux énergies lunaires qui les influencent fortement. Elle les aide à canaliser, à équilibrer et à libérer les énergies absorbées, tout en les alignant avec les cycles naturels de la Lune.

MATÉRIEL :

- Un espace calme et confortable

- Tapis de yoga ou coussin (optionnel)
- Musique apaisante ou sons de la nature (optionnel)

INSTRUCTIONS :

Préparation de l'espace : Trouvez un espace calme où vous ne serez pas dérangé. Vous pouvez mettre une musique apaisante ou des sons de la nature pour favoriser la relaxation.

Position du corps : Asseyez-vous ou allongez-vous confortablement, de préférence sur un tapis de yoga ou un coussin.

Ancrez-vous : Fermez les yeux et prenez trois respirations profondes pour vous ancrer dans l'instant présent.

Visualisation de la lune : Visualisez la lune dans sa phase actuelle, qu'il s'agisse de la nouvelle lune, de la pleine lune ou d'une phase intermédiaire.

Réception de la lumière lunaire : Imaginez la lumière de la lune se versant sur vous, pénétrant chaque cellule de votre être.

Respiration et circulation : Inspirez profondément cette lumière lunaire, imaginant qu'elle circule à travers tout votre corps.

Canalisation et équilibrage : Demandez mentalement à cette énergie lunaire de vous aider à canaliser et à équilibrer toutes les énergies que vous avez absorbées. Laissez cette lumière travailler en vous, ajustant et harmonisant vos énergies internes.

Ressenti et intégration : Prenez quelques instants pour simplement ressentir cette énergie. Comment cela affecte-t-il votre état d'être ? Quels changements ou ajustements ressentez-vous ?

Retour à la conscience : Quand vous êtes prêt, revenez lentement à votre conscience normale. Vous pouvez bouger vos doigts, vos orteils et étirer votre corps pour vous aider à revenir.

Évaluation et journalisation (Optionnel) : Si vous le souhaitez, notez vos ressentis ou les messages que vous avez reçus pendant la méditation. Cela peut être une façon utile de suivre vos cycles et vos énergies.

La Méditation Lunaire est un exercice puissant pour les Réflecteurs, car elle leur permet de se connecter à un élément fondamental de leur design. Pratiquée régulièrement, elle peut offrir une grande clarté et un alignement profond.

2. Technique de l'écran blanc pour Réflecteurs

OBJECTIF :
Cette technique a pour but de filtrer et de nettoyer les énergies, pensées et émotions externes qui pourraient vous influencer négativement. Elle vous aide à maintenir un champ énergétique pur et équilibré.

MATÉRIEL :
- Un endroit paisible où vous ne serez pas dérangé
- Tapis de yoga ou coussin pour s'asseoir ou s'allonger (optionnel)

INSTRUCTIONS :
Préparation de l'espace : Trouvez un espace calme où vous pouvez vous asseoir ou vous allonger confortablement sans être dérangé.
Position du corps : Asseyez-vous ou allongez-vous dans une position qui vous permettra de rester détendu pendant l'exercice. Si possible, utilisez un tapis de yoga ou un coussin pour plus de confort.
Respiration consciente : Fermez les yeux et prenez trois respirations profondes, en étant conscient de chaque inspiration et expiration. Cela vous aidera à vous ancrer et à vous préparer pour la technique.
Visualisation de l'écran blanc : Imaginez un grand écran blanc lumineux devant vous, flottant dans l'espace.
Projection des énergies indésirables : Visualisez toutes les énergies, pensées ou émotions non désirées étant projetées sur cet écran blanc. Vous pouvez les voir comme des formes, des couleurs ou même des motifs qui apparaissent sur l'écran.
Nettoyage de l'écran : Imaginez ces énergies indésirables se dissolvant et disparaissant, laissant l'écran aussi pur et immaculé qu'avant.
Maintien du champ énergétique : Continuez ce processus pendant quelques minutes, projetant et nettoyant toutes les énergies qui ne vous servent pas. Vous pouvez même imaginer un vent doux ou une lumière brillante qui balaye l'écran, pour aider au nettoyage.
Clôture : Quand vous vous sentez prêt, ouvrez les yeux et reprenez conscience de votre environnement. Vous pouvez bouger légèrement et étirer votre corps pour marquer la fin de l'exercice.
Évaluation et journalisation (Optionnel) : Vous pouvez prendre quelques instants pour noter vos impressions, ressentis ou tout

message que vous auriez pu recevoir pendant l'exercice.

La Technique de l'Écran Blanc est particulièrement utile pour les Réflecteurs, qui sont souvent sujets à l'influence des énergies environnantes. Cette pratique régulière peut les aider à maintenir leur propre intégrité énergétique.

3.Méditation de l'ancrage dans la nature pour Réflecteurs

OBJECTIF :
Cette méditation vise à aider les Réflecteurs à se connecter avec les énergies de la Terre et du cosmos pour un rééquilibrage énergétique. Étant donné que les Réflecteurs sont souvent sensibles aux énergies environnementales, cette méditation peut servir de pratique régulière pour maintenir leur équilibre énergétique.

MATÉRIEL :
- Un endroit paisible dans la nature (forêt, plage, jardin, parc, etc.)
- Tapis de yoga ou coussin pour s'asseoir ou s'allonger (optionnel)

INSTRUCTIONS :
Choix de l'emplacement : Trouvez un lieu paisible dans la nature, loin des distractions et du bruit. Il pourrait s'agir d'un parc, d'une forêt, d'un jardin ou même de votre propre cour.
Position du corps : Une fois que vous avez trouvé votre emplacement, asseyez-vous ou allongez-vous de manière à être à l'aise. Vous pouvez utiliser un tapis de yoga ou un coussin pour plus de confort.
Respiration initiale : Fermez les yeux et prenez quelques respirations profondes, en vous concentrant sur l'acte de respirer.
Connexion terrestre : Imaginez des racines sortant de vos pieds et s'enfonçant profondément dans la terre. Visualisez l'énergie de la Terre montant à travers ces racines et remplissant votre corps.
Connexion cosmique : Visualisez une lumière ou une énergie descendre du cosmos, entrant par le sommet de votre tête et se

propageant dans tout votre corps.

Mélange des énergies : Imaginez les énergies terrestres et cosmiques se rencontrant, se mélangeant et circulant librement à travers votre système énergétique. Laissez ces énergies nettoyer et rééquilibrer votre champ énergétique.

Maintien de l'état méditatif : Continuez cette méditation pendant 15-20 minutes. Laissez-vous emporter par les sensations de paix, de clarté et d'équilibre.

Retour à la conscience normale : Quand vous êtes prêt, commencez à ramener votre attention à votre environnement. Ouvrez les yeux lentement et prenez quelques instants pour vous étirer et bouger légèrement.

Journalisation (Optionnel) : Considérez l'idée de noter vos ressentis, vos impressions ou tout message reçu pendant la méditation. Cela peut vous aider à mieux comprendre vos besoins énergétiques et émotionnels.

La méditation de l'ancrage dans la nature est un excellent outil pour les Réflecteurs, les aidant à se connecter avec des énergies plus pures et à maintenir leur bien-être général.

BONUS Activation énergétique pour les Réflecteurs

Fréquence recommandée : 741 Hz - pour l'expression et les solutions

Assurez-vous d'être dans un endroit où vous ne serez pas dérangé pendant les 15 à 20 prochaines minutes. Trouvez une position confortable, que vous soyez assis ou allongé. Si vous êtes à l'aise, fermez les yeux.

Commençons par prendre trois grandes respirations. Inspirez profondément par le nez... et expirez doucement par la bouche. Laissez chaque expiration vous détendre un peu plus.

Inspirez de nouveau, sentant l'air frais remplir vos poumons, et expirez tout stress ou tension que vous pourriez ressentir.

Dernière inspiration profonde... et laissez tout partir à l'expiration.

Imaginez maintenant une spirale d'énergie scintillante descendre du cosmos. Elle tourbillonne lentement au-dessus de votre tête, rayonnant d'une lumière pure et apaisante.

Cette spirale commence à se déplacer autour de vous, englobant tout votre être. Comme elle tourbillonne, elle attire et capture toutes les énergies non désirées, toutes les pensées intrusives ou les émotions qui ne vous servent plus. Visualisez ces énergies étant aspirées par la spirale, vous laissant de plus en plus purifié à chaque rotation.

Continuez à respirer calmement, laissant la spirale faire son travail. Elle se déplace maintenant plus bas, jusqu'à vos pieds, capturant et nettoyant chaque particule de votre être.

Une fois que vous sentez que cette spirale a collecté tout ce qui n'est plus nécessaire pour vous, imaginez-la remonter lentement. Elle emporte avec elle toutes les impuretés, les libérant dans le cosmos pour être transmutées en lumière.

Prenez un moment pour ressentir l'espace que cette spirale a créé autour de vous et en vous. Vous êtes maintenant entouré d'un champ énergétique clair et scintillant, et vous pouvez ressentir un sentiment de légèreté et de clarté intérieure.

Respirez profondément dans cet espace purifié, sachant que vous êtes protégé et aligné avec votre vraie essence.

Quand vous êtes prêt, commencez à ramener votre conscience à votre corps. Bougez doucement vos doigts, vos orteils. Remarquez les sons autour de vous. Et quand vous vous sentez prêt, ouvrez lentement les yeux, revenant à l'instant présent.

Merci de vous être joint à cette activation. Portez cette clarté renouvelée avec vous dans tout ce que vous faites.

Ainsi, nous arrivons au seuil d'un sanctuaire de silence, après avoir arpenté le vaste jardin de l'Human Design. Les clés que nous avons glanées sont gravées d'exercices et de méditations, façonnées sur mesure pour chaque unique expression de notre complexité humaine. Ces précieux outils n'ont pas seulement le pouvoir de rééquilibrer notre essence énergétique, ils ont également la capacité de nous hisser vers des sphères vibratoires élevées.

Mais n'oublions pas, ces outils ne sont que des guides — des étoiles qui illuminent notre ciel nocturne intérieur. Pour qu'ils brillent de leur pleine lumière, il est impératif de les incorporer dans la trame quotidienne de notre existence et de les modeler à l'image de nos besoins personnels.

Ce voyage, riche en enseignements, en rituels et en moments de réflexion, est un commencement, non une destination. Comme le grain de sable contient l'océan et le moment éphémère détient l'éternité, notre prochaine étape nous emmènera encore plus loin dans la galaxie fascinante de l'Human Design. Nous explorerons les champs magnétiques invisibles qui régissent nos relations, les courants subtils qui colorent nos interactions et les ondes mystérieuses qui orchestrent la dynamique de nos collectivités.

Le chapitre qui s'ouvre devant nous promet une nouvelle aventure, une plongée plus profonde dans le mystérieux océan du potentiel humain, là où les possibilités s'étendent à perte de vue. Soyez prêts à être éblouis, à être transformés et à transcender les frontières du connu pour explorer des dimensions jusque-là inimaginées.

Dans cet esprit, préparez votre âme à être inspirée, votre esprit à être émerveillé et votre être tout entier à évoluer dans des stratosphères d'existence encore inexplorées.

CHAPITRE 5

Naviguer dans le monde avec une fréquence élevée

Vous voilà à la croisée des chemins, là où les paysages intérieurs de votre propre fréquence énergétique rencontrent les vastes horizons du monde extérieur. Vous avez cheminé à travers des vallées de compréhension et gravi des montagnes de sagesse. Armés des outils sacrés que vous avez façonnés pour toucher votre essence divine, comment pouvez-vous maintenant danser avec l'univers, surtout quand sa musique est faite de dissonances et de ruptures ?

Le chapitre 5, nommé "Naviguer dans le monde avec une fréquence élevée", se dresse tel un phare pour guider votre navire à travers ces eaux parfois tumultueuses. Ici, nous ne nous contentons pas de maintenir une fréquence élevée comme un joyau précieux à l'abri dans un écrin; nous l'utilisons comme une pierre philosophale, capable de transmuter les défis en opportunités, les doutes en certitudes et, osons-le dire, les obstacles en miracles.

Car notre fréquence n'est pas une île isolée dans le cosmos; elle est plutôt une étoile dans une constellation, un écho dans une symphonie universelle. Elle converse avec les lois mystiques qui tissent la trame de notre réalité, et elle a le pouvoir d'attirer vers nous des circonstances, des synchronicités et des bénédictions qui semblent défier la logique.

Dans ce sanctuaire de pages, vous découvrirez aussi des armures d'énergie et des boucliers de lumière, destinés à préserver et à amplifier votre luminescence intérieure, même quand les ténèbres semblent impénétrables.

Donc, allumez vos lanternes intérieures et déployez vos voiles. Nous sommes sur le point d'embarquer pour un voyage où la science cosmique danse avec la spiritualité, où votre sagesse intérieure devient le compas qui guide votre route, et où la fréquence élevée n'est pas seulement votre bouclier, mais aussi votre épée et votre étoile.

COMMENT MAINTENIR UNE FRÉQUENCE ÉLEVÉE MÊME DANS DES SITUATIONS DIFFICILES : Un guide complet

La vie est une mosaïque complexe d'expériences, mêlant joie et tristesse, succès et échecs, espoir et désespoir. Ces fluctuations sont non seulement inévitables mais aussi essentielles à notre croissance et à notre compréhension de nous-mêmes et du monde qui nous entoure. Toutefois, dans cette valse de hauts et de bas, il peut être difficile de maintenir une fréquence élevée, ce niveau de vibration intérieure qui nous maintient centrés, équilibrés et en harmonie avec notre véritable essence.

Alors, comment maintenir cette fréquence élevée, même lorsque nous naviguons dans les eaux tumultueuses de la vie ? Comment préserver cette lumière intérieure quand les circonstances extérieures semblent s'efforcer de l'obscurcir ?

Ce guide vous offre une approche holistique, basée sur sept piliers interconnectés qui vous aideront non seulement à maintenir mais aussi à élever votre fréquence énergétique :

La CONSCIENCE DE SOI : Le miroir interne qui reflète notre véritable essence.
La GRATITUDE: La clé qui ouvre la porte à une énergie positive inépuisable.
La MÉDIATION et la PLEINE CONSCIENCE: Le pont vers un état d'esprit plus calme et centré.
L'ALIMENTATION et l'EXERCICE PHYSIQUE : Les fondations corporelles pour un esprit sain.
La VISUALISATION: Le pouvoir de créer notre réalité intérieure.
L'AFFIRMATION POSITIVE: Les mots comme semences d'une fréquence élevée.
Le SOUTIEN DE LA COMMUNAUTÉ : Le tissu social qui nourrit et élève notre âme.

Chaque pilier offre des outils et des techniques pour vous aider à naviguer dans les complexités de la vie, tout en préservant une fréquence élevée. De la puissance de la gratitude à la magie des communautés solidaires, ces piliers agissent comme des phares qui éclairent notre chemin, nous guidant à travers les défis et les triomphes avec une intention claire et un amour profond pour soi-même.

Dans ce voyage de la vie, la fréquence élevée n'est pas une destination mais un processus continu d'auto-découverte et de transformation. Et même lorsque les vents sont contraires, nous avons la capacité de garder notre flamme intérieure vivante, grâce à la conscience, l'action et l'interconnexion.

---

1. La reconnaissance de la fréquence : Un voyage à travers le miroir de l'âme

La notion de fréquence peut sembler telle une énigme insaisissable pour certains, mais elle est au cœur de notre réalité émotionnelle et spirituelle. Chaque battement de cœur, chaque souffle, chaque pensée est un écho dans l'infini mélodieux de notre fréquence. Et cette fréquence est influencée par un orchestre complexe de variables — notre état d'esprit, nos émotions, nos croyances, nos expériences passées et les circonstances extérieures qui dansent autour de nous.

La vie est une série d'actes, de scènes qui se déroulent sans relâche. Joyeux ou traumatisants, ces moments sont souvent comme des étoiles filantes dans le ciel de notre existence : fugaces et hors de notre contrôle. Cependant, chaque circonstance est un pinceau que l'univers utilise pour dessiner sur la toile de notre fréquence. Elle n'est ni bonne ni mauvaise par essence, elle est neutre. C'est notre interprétation, notre perception et notre réaction à ces circonstances qui teintent cette toile de couleurs vives ou sombres. Imaginez une rupture amoureuse. La douleur peut être perçue comme un échec, abaissant ainsi notre fréquence, ou comme une opportunité de croissance, élevant notre vibration à un niveau supérieur.

Prendre conscience que notre réaction est un choix est une clef qui ouvre la porte vers des fréquences plus élevées. Cela nécessite une sensibilité aiguë à nos propres schémas émotionnels, à ces mécanismes de défense bien rodés qui se déclenchent presque automatiquement. Pourquoi le regard d'un étranger peut-il éveiller en nous des sentiments d'insécurité ? Pourquoi une parole innocente peut-elle déclencher une tempête de colère ? En mettant un miroir devant ces réactions, en les scrutant plutôt que de les laisser nous submerger, nous apprenons à répondre plutôt qu'à réagir.

Notre fréquence est une partition musicale de notre monde intérieur. Si vous vous sentez souvent anxieux, si la colère brûle en vous comme un feu incontrôlable, si la tristesse vous enveloppe comme un brouillard, votre fréquence sera la mélodie de ces émotions. En reconnaissant cela, nous pouvons travailler sur les causes profondes de ces émotions, comme un jardinier attentif enlève les mauvaises herbes pour permettre aux fleurs de s'épanouir.

La vie est une mer infinie d'incertitudes, mais chaque vague, chaque marée, chaque tempête offre une opportunité : celle de choisir la fréquence de notre âme. Est-ce que ce sera la mélodie de la gratitude ou le chant de l'amertume ? Le refrain de l'espoir ou le solo du désespoir ? Ce choix influence non seulement notre bien-être intérieur, mais résonne aussi comme une symphonie dans l'orchestre de l'univers, attirant des expériences et des aventures qui dansent au même rythme.

En embrassant la reconnaissance de notre fréquence et en la considérant comme un guide précieux sur notre chemin de croissance personnelle, nous naviguons avec plus de sérénité, de confiance et de but, comme des navires bien dirigés sur un océan infini.

2. La respiration consciente : Le souffle, pont entre le visible et l'invisible

Chaque respiration que nous prenons est plus qu'un acte physiologique ; c'est une déclaration d'existence, une danse sacrée entre notre âme et l'univers. Elle est le lien entre notre monde intérieur et le cosmos, un fil d'argent tissé à travers le temps et l'espace. La respiration consciente n'est pas simplement un mécanisme, mais un art — un outil d'une puissance inimaginable pour moduler notre état émotionnel, mental et énergétique.

La vie est souvent un tourbillon de sensations, d'émotions, de moments qui nous dépassent. Dans cette tourmente, la respiration consciente est notre ancre solide, un phare dans l'obscurité, rappelant notre lien intrinsèque avec l'instant présent. Lorsque nous respirons intentionnellement, c'est comme si nous plongions dans un océan de calme intérieur, loin du chaos des tempêtes extérieures. C'est un acte d'amour envers nous-mêmes, un rappel que la paix est toujours à portée de main, inscrite dans le rythme de notre propre respiration.

Une respiration rythmée et profonde n'est pas seulement un cocktail d'oxygène pour notre corps; elle est une élixir pour notre âme. Elle revitalise chaque cellule, éclaircit le voile qui peut parfois obscurcir notre esprit et, par une sorte de magie subtile, élève notre humeur. L'acte délibéré de respirer profondément est aussi une purification, une manière de disperser les énergies stagnantes, de renouveler notre être tout entier.

Il n'est pas toujours possible, ni même souhaitable, de s'asseoir en silence dans une pose méditative. La vie elle-même est une méditation en mouvement, et la respiration consciente est son mantra. Chaque inhalation est une offrande, un accueil de l'énergie nouvelle et positive qui nourrit notre être. Chaque exhalation est une libération, un lâcher-prise des tensions, des préoccupations, et des énergies qui ne nous servent plus. C'est une danse d'acceptation et de libération, qui se joue à chaque souffle.

Il y a une richesse de techniques à explorer, du simple souffle abdominal aux pratiques plus ésotériques comme la respiration alternée (Nadi Shodhana en sanskrit) ou la respiration en carré. Chacune offre une palette unique d'avantages, une symphonie différente à jouer sur l'instrument de notre corps. Il ne s'agit pas d'une taille unique, mais d'un jardin luxuriant de choix, permettant à chacun de trouver le parfum qui résonne le mieux avec son propre être.

En intégrant l'art de la respiration consciente dans le tissu même de notre existence quotidienne, nous nous armons d'une stratégie à la fois élégante et puissante. Elle nous permet de naviguer les eaux parfois agitées de la vie avec une sorte de grâce fluide, une résilience qui ne vient pas de la force brute, mais de l'alignement avec notre fréquence la plus haute.

En somme, chaque souffle est une note dans la mélodie de notre vie, une chance de vivre en harmonie avec nous-mêmes et l'univers, et d'élever notre fréquence dans la danse sans fin de l'existence.

---

3. La perspective du spectateur : Le regard clairvoyant dans le théâtre de l'existence

La vie est un spectacle en constante évolution, un mélodrame où les lumières montent et descendent, les décors changent et les personnages entrent et sortent de scène. Trop souvent, nous sommes si absorbés par notre propre rôle que nous perdons de vue la vérité simple mais profonde : nous sommes aussi des spectateurs. Cette dualité est une bénédiction, car elle nous permet de prendre du recul, de respirer et de voir le tableau dans son ensemble.

Adopter une perspective de spectateur implique un détachement conscient qui nous libère des chaînes de la réaction impulsive. Ce détachement ne signifie pas apathie ou déconnexion, mais un équilibrage gracieux entre l'engagement et la réflexion. Il nous offre un espace sacré pour observer sans être émotionnellement englouti, pour réagir sans être submergé. Ce détachement s'apparente à la vision d'un hibou — profonde, pénétrante et pourtant sereine.

En tant que spectateurs, nous devenons les détenteurs d'un calme oculaire, regardant sans juger, percevant sans imposer. Cette observation impartiale nous donne accès aux couches plus profondes des interactions humaines, aux dynamiques subtiles qui nous échappent lorsque nous sommes trop investis. Elle est comme une fenêtre sur l'âme, non seulement de ceux qui nous entourent mais aussi sur notre propre essence.

Le plus grand cadeau de la perspective du spectateur peut être la révélation que nous ne sommes pas nos rôles. Qu'il s'agisse d'être un parent, un enfant, un partenaire ou un employé, ces étiquettes sont temporaires et changeantes. Mais ce qui demeure, ce qui est éternel, est l'étincelle immuable en nous — l'observateur silencieux qui est à la fois témoin et participant, l'essence qui ne connaît ni début ni fin.

Quand le tumulte de la vie devient accablant, offrez-vous une pause méditative. Imaginez-vous assis dans un cinéma paisible, visionnant votre propre vie comme si c'était un film sur grand écran. Cette visualisation simple mais puissante vous rappellera que chaque scène, aussi intense soit-elle, est éphémère. Elle vous aidera à trouver le recul nécessaire pour voir les événements avec clarté et à puiser dans la sagesse et la tranquillité qui sont toujours disponibles en vous.

En pratiquant régulièrement cette perspective, vous formerez une armure invisible de résilience et de sérénité. Elle vous permettra de naviguer les marées changeantes de la vie avec une forme de grâce et de dignité, ancré dans une fréquence élevée qui est à la fois un bouclier et une lumière pour votre chemin.

En cultivant cette dualité du rôle et du spectateur, nous devenons des maîtres de notre propre destin, des navigateurs habiles dans les eaux parfois turbulentes de l'existence humaine, armés de la sagesse, de la compassion et de la clarté.

4. L'ancre de la gratitude : Le phare dans la tempête de la vie

Dans un monde où l'on peut facilement être submergé par les difficultés et les défis, la gratitude se présente comme un phare lumineux qui illumine notre chemin et renforce notre être tout entier. Ce n'est pas simplement une émotion éphémère, mais plutôt une manière d'être qui a le pouvoir de transformer notre réalité de manière significative.

La gratitude n'est pas seulement un sentiment de bien-être; elle fonctionne comme une force gravitationnelle qui attire le bien dans nos vies. En focalisant notre énergie sur ce qui est bon et positif, nous devenons un aimant pour des circonstances plus heureuses, des opportunités enrichissantes et des relations bienveillantes. Cette résonance vibratoire élevée crée un cercle vertueux où la gratitude engendre plus de choses pour lesquelles être reconnaissant.

Même dans les moments les plus sombres, la gratitude a le pouvoir de chasser l'obscurité et d'éclairer notre vie. Quand nous choisissons de voir les cadeaux cachés dans les défis et les épreuves, nous découvrons que même l'adversité peut être une source de bénédiction. Ce faisceau de lumière pénètre les ombres de notre existence et révèle le positif qui existe souvent en marge de notre perception.

Prenez quelques instants chaque jour pour consigner dans un journal trois choses pour lesquelles vous êtes reconnaissant. Ces "pépites de gratitude" peuvent être aussi variées qu'une réalisation personnelle, une connexion émotionnelle ou même la beauté simple d'un coucher de soleil. En réorientant ainsi votre attention, vous réajustez également votre fréquence vibratoire, créant une habitude de focalisation sur l'abondance plutôt que sur le manque.

Il y a une différence entre ressentir de la gratitude et la vivre pleinement. Quand nous la mettons en action - que ce soit en exprimant de la reconnaissance, en rendant un service à quelqu'un ou même en partageant un sourire - cette gratitude se propage comme une onde dans un étang, touchant ceux qui croisent notre chemin et même au-delà. Cette projection active de gratitude crée une résonance qui a le pouvoir de transformer non seulement notre propre expérience mais aussi celle des autres.

Pratiquer la gratitude, c'est comme ancrer notre bateau dans une baie paisible, à l'abri des tempêtes et des courants turbulents. Cela nous confère une stabilité et une sérénité qui transcendent les circonstances extérieures, permettant une navigation plus douce à travers les complexités de la vie. En vivant une existence ancrée dans la gratitude, nous regardons le monde à travers une lentille de merveille, de respect et d'émerveillement, un état d'être qui est en soi une fréquence élevée.

5. La visualisation : Le cinéma de l'esprit pour une réalité élevée

La visualisation est l'art de la construction mentale, une technique qui utilise le pouvoir de l'imagination pour modeler notre réalité intérieure et, par extension, notre réalité extérieure. Ce n'est pas simplement un exercice d'évasion, mais un outil concret pour créer un impact positif sur notre état émotionnel, notre bien-être physique et notre expérience globale de la vie.

L'esprit humain est un outil incroyablement puissant, capable de créer des mondes entiers dans le domaine de l'imagination. Ce qui est fascinant, c'est que notre système nerveux réagit souvent de la même manière aux scénarios imaginés qu'aux événements réels. En utilisant la visualisation pour créer des expériences positives dans notre esprit, nous pouvons littéralement "programmer" notre corps et notre esprit pour ressentir des émotions et des vibrations positives.

Pour commencer, trouvez un endroit calme et confortable où vous pouvez vous asseoir ou vous allonger. Fermez les yeux et commencez à imaginer un environnement qui incarne la paix, la tranquillité et l'harmonie pour vous. Faites de cette expérience une immersion multisensorielle : sentez la brise, écoutez les sons environnants, touchez les textures imaginaires. Le but est de créer un sanctuaire mental dans lequel vous pouvez vous retirer à tout moment pour une dose instantanée de bien-être.

Pour rendre cette technique encore plus efficace, associez votre lieu paisible à un signal ou un geste spécifique, comme toucher votre front ou votre cœur. Ainsi, chaque fois que vous effectuez ce geste, vous invoquez instantanément l'énergie et les émotions associées à votre sanctuaire intérieur, même dans les situations les plus stressantes.

N'attendez pas d'être stressé ou submergé pour utiliser la visualisation. Intégrez cette pratique dans votre vie quotidienne, en prenant quelques minutes chaque jour pour visiter votre sanctuaire intérieur. Considérez ces moments comme des "pauses pour l'âme" qui réinitialisent votre fréquence énergétique et vous reconnectent à votre essence.

La visualisation est bien plus qu'une simple fantaisie; c'est une technique puissante pour influencer à la fois notre état mental et notre expérience du monde réel. En utilisant notre imagination comme un levier pour élever notre fréquence, nous pouvons transformer non seulement notre propre réalité mais aussi influencer positivement l'énergie collective autour de nous.

6. L'affirmation positive : Le mantra du moi authentique

Les affirmations positives sont comme les mots de passe de l'âme, des expressions codées qui déverrouillent notre potentiel et renforcent notre essence. Elles sont des vérités simples mais profondes qui ont le pouvoir d'orienter notre perception, notre comportement, et finalement, notre réalité.

Chaque mot porte une énergie, une vibration qui peut influencer notre état d'esprit et notre bien-être émotionnel. Les mots positifs, surtout lorsqu'ils sont choisis avec soin et répétés avec intention, deviennent des ancrages puissants qui élèvent notre fréquence vibratoire. C'est comme accorder un instrument de musique à une certaine note pour créer une harmonie globale.

Pour que les affirmations soient vraiment efficaces, elles doivent être personnelles et spécifiques. Commencez par identifier les domaines de votre vie où vous souhaitez voir des améliorations ou des changements. Ensuite, formulez des déclarations qui sont non seulement positives, mais aussi réalistes et ancrées dans vos propres croyances et aspirations. Par exemple, au lieu de dire "Je suis riche," dites peut-être "Je suis sur la voie de l'abondance financière."

Les affirmations ne sont pas une solution ponctuelle. Intégrez-les dans votre routine quotidienne pour maximiser leur impact. Vous pouvez les énoncer en méditant le matin, les écrire dans un journal, ou même les afficher sur des post-it autour de votre espace de vie ou de travail. Plus vous engagez tous vos sens dans la pratique, plus l'effet sera puissant.

Ce que vous répétez devient intégré dans votre subconscient, agissant comme un fond sonore continuel qui colore vos perceptions et vos réactions. Avec le temps, ces affirmations deviennent votre seconde nature, guidant vos actions même lorsque vous n'y pensez pas consciemment.

Les affirmations positives sont bien plus qu'un assemblage de mots; elles sont des outils de manifestation qui peuvent transformer notre réalité de l'intérieur vers l'extérieur. Utilisées de manière consciente et réfléchie, elles nous permettent de naviguer à travers la complexité de la vie avec une assurance et une authenticité accrues, nous rappelant toujours qui nous sommes vraiment et ce que nous sommes capables de réaliser.

7. Le soutien de la communauté : Le tissu social de l'âme

Notre besoin de connexion est ancré dans nos gènes; c'est une aspiration humaine fondamentale. Le soutien de la communauté n'est pas seulement un réseau social mais un écosystème d'énergie où chaque interaction, chaque soutien, chaque échange, enrichit notre fréquence vibratoire globale.

Nous sommes tous faits de la même étoffe cosmique, et chaque relation que nous formons est un rappel de cette unité fondamentale. Chaque interaction, qu'elle soit grande ou petite, est une occasion de tisser un nouveau fil dans le vaste tapis de nos vies, ajoutant des nuances et des motifs à notre expérience humaine.

Dans le monde moderne, de nombreuses organisations et groupes sont dédiés à l'épanouissement humain. Ces espaces servent de sanctuaires où l'on peut trouver non seulement des ressources mais aussi une communauté qui partage des objectifs et des aspirations similaires. Le simple fait de savoir que vous n'êtes pas seul dans votre quête peut être un fortifiant puissant pour votre esprit et votre âme.

La magie collective se manifeste lorsque des individus s'unissent dans un but commun. Les célébrations, les rituels et même les simples rassemblements sociaux génèrent une synergie, une énergie qui est plus grande que la somme de ses parties. C'est comme si chaque participant ajoutait une note à une mélodie, créant une symphonie vibratoire qui résonne bien au-delà du moment.

L'empathie et l'écoute sont des cadeaux précieux que nous pouvons offrir et recevoir. Dans l'espace de non-jugement et de soutien, notre fréquence s'élève naturellement, car nous nous sentons vus, entendus et validés dans notre humanité.

La compassion et l'acte de donner sont comme des échos qui reviennent vers nous, enrichis. Cela crée un cercle vertueux d'énergie positive qui s'étend bien au-delà de notre cercle immédiat pour toucher la communauté dans son ensemble.

La force de la communauté réside dans sa capacité à nous rappeler que nous sommes des êtres interconnectés, reliés par des fils invisibles d'expérience, de compassion et de soutien mutuel. Dans cette toile de relations, chaque geste de bonté, chaque sourire partagé, chaque mot d'encouragement contribue à élever non seulement notre propre fréquence, mais celle de la communauté dans son ensemble.

Et comme vous l'avez souligné, élever notre fréquence ne signifie pas éviter la complexité ou les défis de la vie. Au contraire, il s'agit d'aborder chaque moment avec un cœur ouvert et une intention consciente, sachant que même dans les vallées les plus sombres, la lumière de la communauté et de la conscience de soi nous guidera.

LA RELATION ENTRE LA FRÉQUENCE ET L'ATTRACTION (lois de l'univers, manifestation)

La danse complexe entre la fréquence et la loi d'attraction tient une place centrale dans notre expérience de la réalité. À la base, l'univers est un vaste champ d'énergie vibratoire, et nous, en tant qu'entités conscientes, sommes des points focaux de ces fréquences. Tout ce que nous faisons, pensons ou ressentons a une fréquence spécifique qui influence et attire des expériences similaires dans notre vie. C'est un échange dynamique, une conversation sans fin entre notre essence intérieure et les forces cosmiques qui nous entourent.

Ce dialogue s'articule autour de plusieurs éléments clés que nous avons explorés en détail: l'action alignée, l'intuition par rapport au forçage, les synchronicités, le dépassement des obstacles et la co-création avec l'univers. Chacun de ces aspects représente une facette de la manière dont nous pouvons consciencieusement équilibrer notre propre fréquence pour attirer ce que nous désirons.

Mais la véritable alchimie se produit lorsque nous intégrons la patience et la confiance dans cette équation. Ces qualités nous guident à travers les périodes d'incertitude et de défi, et nous aident à embrasser le concept du "timing divin". Elles nous rappellent que la manifestation n'est pas une voie à sens unique où nous imposons notre volonté à l'univers, mais plutôt un partenariat où le flux divin de la vie a aussi son mot à dire.

Ainsi, la relation entre la fréquence et la loi d'attraction n'est pas simplement une formule mécanique d'entrée et de sortie, mais une aventure enrichissante de découverte de soi et d'harmonisation avec les lois universelles. En cultivant notre compréhension et notre respect pour ces principes, nous co-créons une réalité qui n'est pas seulement un reflet de nos désirs, mais aussi une célébration de notre interconnexion avec l'univers tout entier.

---

1. La Loi de la Résonance

La Loi de la Résonance est une clé universelle pour comprendre les mystères du monde vibratoire qui nous entoure et en nous. Elle sert de fondement à divers autres principes spirituels et psychologiques, comme la loi de l'attraction, et influence directement notre capacité à manifester la réalité que nous désirons. Examinons plus en détail cette loi énergétique fascinante et ses diverses applications.

a. L'univers vibratoire :
L'idée que tout dans l'univers est en vibration est un concept aussi ancien que les civilisations elles-mêmes, mais aussi moderne que les dernières découvertes en physique quantique. Ce vaste réseau d'énergie vibratoire qui imprègne tout ce qui nous entoure crée le tissu même de notre réalité. Voici une exploration plus approfondie de ce concept fascinant.

À l'échelle la plus microscopique, même les particules subatomiques comme les électrons et les quarks sont en constant mouvement. Cette activité est mieux comprise non pas seulement comme des particules mais également comme des ondes de probabilité, des champs vibratoires qui définissent les propriétés et les comportements des particules.

Ce n'est pas seulement le monde matériel qui vibre. Nos pensées et nos émotions ont également leurs propres fréquences. Des émotions comme l'amour et la gratitude ont été mesurées à des fréquences vibratoires plus élevées, tandis que la colère et la peur vibrent à des fréquences plus basses. Ces fréquences émotionnelles peuvent affecter notre bien-être physique et mental, et ont même la capacité de créer des réalités tangibles basées sur les fréquences que nous émettons.

Les objets qui nous entourent, qu'ils soient naturels ou fabriqués par l'homme, ont également leur propre fréquence vibratoire. Certaines personnes utilisent des cristaux, par exemple, pour aider à équilibrer et à augmenter leurs propres fréquences. Les environnements eux-mêmes, comme les espaces naturels ou les espaces intérieurs, ont également leurs propres vibrations qui peuvent soit augmenter, soit diminuer notre propre fréquence.

Le son est une forme de fréquence vibratoire que nous pouvons facilement percevoir. Différents types de musique et de sons peuvent avoir des effets dramatiques sur notre état émotionnel et physique. Par exemple, les sons de la nature, comme le bruit des vagues ou des oiseaux qui chantent, peuvent souvent élever notre état vibratoire.

La grande beauté de cet univers vibratoire est son interconnexion inhérente. Tout comme une pierre jetée dans un étang crée des ondulations qui se propagent à travers l'eau, nos propres fréquences interagissent constamment avec celles qui nous entourent, créant ainsi un réseau complexe mais harmonieux de vibrations interconnectées.

En fin de compte, prendre conscience de cet univers vibratoire est la première étape pour comprendre comment nous pouvons délibérément influencer notre propre fréquence et, par extension, notre expérience de la vie elle-même. C'est une prise de conscience qui nous ouvre la porte à des possibilités illimitées de croissance, de guérison et de transformation.

b. L'attraction des fréquences similaires :

Le concept que des fréquences similaires s'attirent est souvent cité dans divers domaines allant de la physique à la spiritualité. Cette idée joue un rôle fondamental dans la manière dont nous interagissons avec le monde autour de nous et dans ce que nous attirons dans notre vie. Voici un examen plus détaillé de ce principe.

Chaque émotion que nous ressentons émet une fréquence particulière. Par exemple, si nous émettons une fréquence d'amour et de gratitude, nous nous alignons avec d'autres personnes, lieux ou situations qui vibrent à cette même fréquence. Ce phénomène est parfois appelé "syntonisation émotionnelle" et peut expliquer pourquoi nous nous sentons souvent plus à l'aise ou plus en phase avec certaines personnes ou dans certains environnements.

Quand des fréquences similaires se rencontrent, elles ont tendance à s'amplifier mutuellement. Vous avez peut-être déjà ressenti cela dans un groupe de personnes partageant un but ou une intention commune. L'énergie collective peut se sentir bien plus puissante que la somme de ses parties, créant une expérience transformatrice.

Tout comme les fréquences harmonieuses peuvent créer une synergie, des fréquences discordantes ou incompatibles peuvent causer de la tension ou du malaise. Cela peut se manifester dans des relations difficiles, des environnements de travail stressants ou des situations où vous vous sentez mal à l'aise ou en conflit.

Les fréquences que nous émettons peuvent également avoir des effets physiologiques. Des études ont montré que des émotions positives comme l'amour et la gratitude peuvent améliorer la fonction immunitaire, réduire le stress et même augmenter la longévité. À l'inverse, des fréquences plus basses associées à des émotions négatives peuvent avoir des effets néfastes sur notre santé.

Il est important de noter que même si l'attraction des fréquences similaires peut souvent apporter des expériences positives, elle peut également présenter des défis. Par exemple, si vous êtes dans un état de tristesse ou de colère, vous pouvez attirer des situations qui exacerbent ces émotions. Cela sert souvent de rappel pour réévaluer et ajuster notre fréquence vibratoire si nécessaire.

En somme, la loi de l'attraction des fréquences similaires nous offre une précieuse fenêtre sur la manière dont notre monde intérieur crée notre monde extérieur. En comprenant ce principe, nous sommes mieux équipés pour naviguer consciemment dans notre voyage de vie, en choisissant des fréquences qui alignent avec nos aspirations, nos valeurs et notre bien-être.

c. Choix conscients et résonance :
Comprendre la loi de la résonance peut transformer la façon dont nous vivons nos vies. Ce n'est pas seulement une théorie abstraite, mais un principe très concret qui peut être appliqué au quotidien pour créer des expériences plus enrichissantes et harmonieuses. Voici une exploration plus détaillée de ce sujet.

Nous sommes constamment entourés d'un large éventail de fréquences — certaines peuvent nous élever, tandis que d'autres peuvent nous entraver. Faire le choix conscient de ce à quoi nous voulons nous aligner est un art en soi. Cela peut aller de la sélection de la musique que nous écoutons, aux personnes avec qui nous passons du temps, jusqu'aux types de nourriture que nous consommons.

L'intention joue un rôle énorme dans la fréquence que nous émettons. En établissant une intention claire et positive pour notre journée, notre projet ou même notre vie en général, nous élevons notre fréquence à un niveau qui attire des résultats similaires. C'est un outil puissant pour la manifestation et pour le réglage de notre énergie.

Il existe de nombreuses techniques pour élever votre fréquence vibratoire de manière consciente. La méditation, la prière, les exercices de respiration, la gratitude ou même le simple fait de sourire peuvent rapidement changer votre état émotionnel et, par conséquent, votre fréquence. Certains choisissent également de travailler avec des cristaux, des huiles essentielles, ou des sons spécifiques pour aider à moduler leur fréquence.

Nous attirons souvent des relations qui sont en résonance avec notre propre fréquence. En étant conscient de cela, nous pouvons choisir de cultiver des relations qui nous aident à grandir et à nous épanouir, plutôt que celles qui nous tirent vers le bas. Il est tout à fait possible de créer un cercle social qui est en harmonie avec nos aspirations et nos valeurs.

Lorsque nous faisons des choix conscients qui élèvent notre fréquence, l'Univers a souvent une façon de nous fournir des retours. Ce feedback peut prendre la forme d'opportunités inattendues, de synchronicités, ou même de défis qui nous aident à grandir. En étant attentifs à ces signaux, nous pouvons ajuster et affiner encore davantage notre fréquence.

En résumé, la notion de choix conscients en relation avec la résonance nous donne un immense pouvoir sur la trajectoire de notre vie. Par l'exercice constant de ce pouvoir, nous devenons non seulement des navigateurs plus compétents dans le voyage de la vie, mais aussi des co-créateurs actifs de notre propre réalité.

d. La flexibilité de la résonance :

Le caractère dynamique et adaptable de notre fréquence vibratoire est un aspect de la loi de la résonance qui mérite une attention particulière. Sa nature fluide offre non seulement une marge de manœuvre pour la croissance et le changement, mais aussi une source d'espoir et d'empowerment. Voici quelques sous-points pour explorer davantage cette flexibilité.

Tout comme les saisons changent et les marées vont et viennent, notre fréquence est en constante évolution. Cela signifie qu'aucun état n'est permanent. Un moment de tristesse ou de colère ne définit pas votre fréquence globale, tout comme un moment de joie n'est pas un pic isolé. Comprendre cette nature changeante nous donne la liberté de ne pas être trop attachés à un état émotionnel spécifique.

Nos fréquences peuvent être influencées par des déclencheurs extérieurs tels que les nouvelles, les interactions sociales, ou même les conditions météorologiques. Reconnaître ces déclencheurs nous permet de prendre des mesures pour les atténuer ou les neutraliser, créant ainsi un environnement plus propice à maintenir une fréquence élevée.

Il est tout à fait naturel d'expérimenter des fluctuations dans notre fréquence en raison de divers facteurs. Ce qui compte, c'est notre capacité à nous réajuster. Des pratiques comme la méditation, l'auto-réflexion, ou simplement prendre un moment pour respirer profondément peuvent servir de "réinitialisations" pour notre état vibratoire.

Notre corps et notre esprit ont des mécanismes intégrés pour réguler la fréquence. Par exemple, le simple fait de rire libère des endorphines qui améliorent instantanément notre état émotionnel et, par conséquent, notre fréquence. Apprendre à utiliser ces mécanismes naturels de régulation peut être un moyen efficace pour maintenir une fréquence équilibrée.

Notre fréquence est comme un élastique, capable de s'étirer et de se contracter en fonction des circonstances. Comprendre cette élasticité nous permet d'être plus résilients, adaptatifs et ouverts aux possibilités de changement positif dans nos vies.

En somme, la flexibilité de la résonance est un des aspects les plus libérateurs de la loi universelle de la vibration. Elle nous rappelle que nous ne sommes pas des victimes des circonstances, mais plutôt des acteurs capables de remodeler notre réalité à travers la modulation consciente de notre propre fréquence.

La loi de la résonance n'est pas seulement une théorie métaphysique ; c'est un principe pratique qui nous offre des moyens concrets pour manifester une vie plus riche et plus significative. Elle nous rappelle que nous sommes les co-créateurs actifs de notre propre réalité, nous donnant la responsabilité et le pouvoir de choisir ce que nous désirons vraiment attirer dans notre vie. En alignant intentionnellement nos fréquences sur les valeurs, les émotions et les expériences que nous cherchons, nous nous engageons dans un partenariat créatif avec l'univers.

2. La manifestation intentionnelle : Une immersion poétique dans le tissu de la réalité

La manifestation intentionnelle est comme l'art d'écrire une lettre d'amour à l'univers, où chaque mot, chaque intention et chaque émotion se transforment en encre cosmique. Elle nous invite à la contemplation silencieuse du pouvoir que nous possédons à façonner notre propre réalité, à rêver dans la langue de l'énergie et à dessiner dans la palette des possibilités infinies. Explorons ensemble ces somptueux aspects.

a. Le pouvoir de lIntention : Le pinceau du peintre céleste

L'intention est plus qu'une pensée ou une idée; elle est une flamme sacrée qui brûle au cœur de notre essence. Imaginez que chaque intention que vous formulez est comme une touche de couleur ajoutée à une toile immense qui représente le tableau de votre vie. Ce n'est pas un acte impulsif, mais un geste délibéré, presque cérémoniel. Vous choisissez chaque nuance avec soin, conscient de l'impact que cette couleur aura sur l'œuvre finale.

L'intention est, en quelque sorte, une conversation que nous avons avec l'univers. Elle n'est pas un monologue, mais un dialogue énergétique, car chaque intention envoyée attend une réponse, une résonance. Cette intention, une fois formulée, recherche sa correspondance dans la vaste mer de potentialités, comme une abeille en quête de nectar, ou un aimant attiré par son pôle.

L'intention est également un acte d'engagement envers nous-mêmes. Quand nous formulons une intention, nous nous faisons une promesse sacrée, un pacte avec notre âme qui s'engage à suivre un certain chemin, à poursuivre une certaine quête. Ce pacte, loin d'être un contrat rigide, est flexible et adaptable, à l'image de l'eau qui trouve toujours son chemin à travers les obstacles.

De plus, nos intentions sont comme des signaux émis dans le grand océan cosmique de la conscience. Ce sont des fréquences vibratoires qui trouvent leur origine dans la profondeur de notre être, dans cette partie de nous qui est immuable et éternelle. Quand nous parvenons à aligner cette émission fréquentielle avec nos aspirations les plus profondes, quelque chose de magique se produit. Le monde extérieur commence à se réorganiser, à vibrer en harmonie avec notre mélodie intérieure.

Enfin, nos intentions sont le reflet de notre authenticité, de notre véritable nature. Lorsque nous agissons avec intention, nous faisons un choix conscient de manifester une version de nous-mêmes qui est en accord avec notre essence véritable. Et en faisant cela, nous invitons l'univers à répondre en écho, créant ainsi une résonance qui amplifie notre pouvoir de manifester nos rêves les plus audacieux.

Ainsi, l'intention est à la fois notre boussole et notre carte, notre flambeau et notre étoile du nord. Elle guide notre voyage à travers la vaste étendue de la vie, nous aidant à naviguer dans les eaux parfois tumultueuses, mais toujours enrichissantes, de notre existence humaine.

b. Émission de fréquence : Les notes d'une symphonie céleste
Imaginez que chaque intention est comme une note dans une partition musicale qui compose la symphonie de votre vie. Cette note, une fois jouée, n'est pas isolée, mais fait partie d'une mélodie plus grande, une danse d'énergies qui s'entremêlent et se répondent dans l'infini du cosmos. Chaque fréquence que vous émettez rejoint ainsi la grande chorale de l'univers, apportant sa nuance unique au concert cosmique qui ne cesse jamais.

Lorsque vous formulez une intention, vous ne faites pas seulement un vœu ou une demande; vous émettez une signature vibratoire unique qui est votre propre contribution à la toile énergétique de la réalité. Cette fréquence est comme un fil d'or qui se tisse dans le tapis de l'existence, se mêlant à d'autres fils pour créer un dessin complexe et magnifique.

Chaque note que vous émettez dans cette symphonie universelle a le potentiel de rencontrer d'autres notes, d'autres fréquences qui résonnent avec la vôtre. C'est une sorte de dialogue silencieux, un jeu d'appels et de réponses où votre fréquence cherche à se lier avec des fréquences similaires. C'est comme si chaque intention était une clef qui ouvre une porte spécifique, et cette porte mène à une chambre d'échos où des potentialités infinies vous attendent.

Comme une bouteille jetée à la mer, votre fréquence voyage à travers les courants invisibles de l'énergie, à la recherche de son port d'attache, de son écho, de sa résonance. Elle ne cherche pas simplement à obtenir ce qu'elle désire, mais à se joindre à une vibration plus grande qui correspond à sa propre essence. Parfois, ces fréquences se trouvent rapidement, créant une manifestation presque instantanée de votre intention. D'autres fois, la recherche est plus longue, requérant de la patience et de la persévérance.

Mais n'oublions pas que cette émission de fréquence n'est pas un acte unidirectionnel. L'univers, dans sa sagesse infinie, écoute attentivement chaque note, chaque vibration, et y répond avec amour et précision. Parfois, la réponse vient sous une forme inattendue, nous enseignant que la symphonie de la vie a ses propres harmonies et dissonances, toutes conçues pour enrichir notre voyage de découverte et de croissance.

Ainsi, lorsque nous émettons une fréquence dans l'univers, nous faisons plus que simplement demander; nous chantons notre propre morceau dans la grande symphonie de l'existence, ajoutant notre voix à la chanson éternelle qui est à la fois notre héritage et notre destin.

c. L'alignement cohérent : L'harmonie de l'Être

Imaginez que vous soyez un instrument de musique, finement accordé pour jouer les plus belles compositions de l'univers. Chaque corde, chaque touche, chaque souffle que vous prenez contribue à créer une mélodie divine, une mélodie qui a le pouvoir de faire vibrer les cieux. Pourtant, un instrument doit être accordé pour que sa musique puisse atteindre sa véritable splendeur. De la même manière, notre être tout entier doit être accordé pour que nos intentions se manifestent en harmonie avec la symphonie de notre vie.

L'alignement cohérent est l'art délicat de l'accordement, où chaque pensée, chaque émotion, et chaque action sont orchestrées dans une congruence harmonieuse. C'est une danse subtile où la tête et le cœur, le physique et le spirituel, le moi et l'univers, sont en parfaite synchronisation. Cet alignement n'est pas une destination, mais un voyage, un flux constant de réglages et d'ajustements qui nous guide vers notre potentiel le plus élevé.

Imaginez vouloir manifester l'abondance tout en portant dans votre cœur une histoire de manque et de privation. Ce serait comme jouer une symphonie où les violons sont en désaccord avec les cors, créant une dissonance qui perturbe la beauté de l'ensemble. Au contraire, lorsque vos pensées, vos émotions, et vos actions s'alignent en une cohérence parfaite, c'est comme si chaque instrument de votre orchestre intérieur jouait la même partition, créant une harmonie qui peut ouvrir les portes du cosmos.

C'est dans cet alignement cohérent que la magie se produit. Vos intentions, comme des semences semées dans un sol fertile, trouvent les conditions optimales pour germer, croître et finalement fleurir. Il ne s'agit pas seulement de vouloir quelque chose, mais de devenir le type de personne qui peut naturellement recevoir et apprécier ce que vous désirez. L'alignement cohérent vous place dans un état de réceptivité, un état où les fréquences que vous émettez rencontrent moins de résistance et plus de résonance.

L'alignement n'est pas une chose que l'on réalise une fois pour toutes; c'est un état d'être dynamique qui nécessite une écoute attentive, une présence consciente et une réaffirmation constante de vos intentions et de vos désirs. Mais lorsque vous parvenez à cet état d'harmonie, même momentanément, vous pouvez sentir que vous êtes en phase avec le mouvement cosmique de la vie elle-même, co-créant votre réalité dans une danse fluide avec l'univers.

Et ainsi, en cherchant cette harmonie intérieure, cette congruence sacrée entre votre être profond et vos désirs superficiels, vous découvrez que l'alignement cohérent est le véritable secret de la manifestation. C'est le maestro intérieur qui dirige chaque instrument de votre être, assurant que chaque note jouée résonne en accord parfait avec la musique des sphères, déployant une mélodie qui a le pouvoir de transformer non seulement votre propre vie, mais aussi celle de ceux qui entrent en résonance avec votre propre harmonie.

d. L'importance de la patience et de la persévérance : Le temps comme toile

La patience et la persévérance sont les gardiens silencieux de nos rêves, les veilleurs discrets qui surveillent la maturité de nos intentions. Ils nous rappellent que le temps est le toile de fond sur lequel se déroule notre drame cosmique, une toile qui se teint et se retient avec les couleurs de nos choix et de nos actions. Le temps n'est pas seulement un intervalle qui passe, c'est un espace sacré, une matrice fertile où nos intentions se métamorphosent en réalités tangibles.

Dans l'élan de notre enthousiasme, il est facile de vouloir des résultats immédiats. Mais chaque intention, aussi ardente soit-elle, a besoin de temps pour vibrer à la fréquence de l'univers, pour trouver sa résonance et son écho dans le vaste océan des possibles. La patience est l'art de la confiance, la capacité à rester ancré dans la foi que nos désirs, bien qu'invisibles pour l'instant, sont en route vers leur manifestation.

La persévérance, quant à elle, est l'énergie tenace qui alimente notre chemin. C'est le courage d'aller de l'avant même lorsque la route est incertaine, le feu sacré qui brûle dans nos veines et qui nous pousse à continuer, à ajuster, à affiner. Avec chaque pas de persévérance, nous faisons résonner notre fréquence dans l'univers, attirant vers nous les éléments nécessaires pour matérialiser notre vision.

L'acte de persévérer est comme le battement continu d'un tambour, un rythme qui parle au cœur de l'univers et dit : "Je suis ici. J'attends. Je continue." C'est ce rythme persistant qui crée une onde de choc à travers les dimensions, incitant l'univers à orchestrer les circonstances, les rencontres et les opportunités qui s'alignent avec notre quête.

Il est crucial de comprendre que la patience et la persévérance ne sont pas des actes passifs, mais des pratiques dynamiques qui requièrent notre entière participation. Ils sont les gardiens de notre fréquence, les stabilisateurs de notre énergie, et les modulateurs de notre résonance. Lorsque nous nous engageons avec eux, nous tissons notre propre destin, brodant notre toile temporelle avec les fils dorés de l'opportunité et les perles scintillantes de la possibilité.

Le temps, donc, n'est pas un obstacle mais un allié, une toile sur laquelle les couleurs de notre vie peuvent se fondre et s'épanouir. Dans la patience et la persévérance, nous trouvons le pouvoir non seulement de manifester nos intentions, mais aussi de les peaufiner, de les nuancer, et finalement de les réaliser dans leur plus belle expression. Ce faisant, nous découvrons que la manifestation n'est pas une destination, mais une danse continue, un échange éternel avec l'univers, orchestré sur la scène magnifique du temps.

e. Le rôle de la gratitude : L'élixir d'amplification
La gratitude est l'élixir sacré de notre voyage cosmique, le nectar divin qui imbibe notre existence de sa douceur. En pratiquant la gratitude, nous invoquons une sorte de magie primordiale, un encens invisible dont l'arôme se répand à travers le voile de la réalité, éveillant en retour la générosité de l'univers.

Chaque acte de gratitude est un amplificateur de notre fréquence vibratoire, une antenne qui s'élève encore plus haut dans les éthers, captant des signaux de bénédiction et de bien-être. La gratitude n'est pas simplement une réaction aux cadeaux reçus; elle est une posture proactive, une manière d'être, une lentille à travers laquelle nous choisissons de voir notre monde. Elle change non seulement notre perception mais aussi notre réalité.

Ce phénomène n'est pas simplement métaphorique mais palpable. Imaginez un lagon paisible. Chaque "merci" est comme un caillou doucement jeté dans ces eaux tranquilles, créant des ondulations qui se propagent dans toutes les directions. Ces ondes voyagent à travers l'espace et le temps, affectant tout sur leur passage. Elles reviennent souvent vers nous sous forme de plus de raisons d'être reconnaissants, complétant ainsi le cercle de l'abondance.

Dans cet état de gratitude, notre âme s'élève. Nous nous élevons au-dessus des tracas quotidiens, des épreuves et des tribulations pour prendre une perspective plus élevée. De ce point de vue, nous voyons que chaque expérience, chaque défi, chaque moment est en soi une bénédiction, une opportunité de croissance et d'expansion. La gratitude nous permet de reconnaître ces moments et de les accueillir comme des cadeaux sacrés, même s'ils sont déguisés en leçons difficiles.

Le rôle de la gratitude dans la manifestation intentionnelle est inestimable. En maintenant un état de gratitude, nous devenons des aimants pour les expériences que nous désirons. Nous créons un champ énergétique qui est si pur, si hautement chargé de fréquences positives que tout ce qui résonne avec ces fréquences est irrésistiblement attiré vers nous.

En fin de compte, la gratitude est le véhicule qui nous permet de voyager à travers les étendues infinies de la manifestation, notre compas dans les mers tumultueuses de l'existence, et l'élixir qui transforme la pierre brute de nos aspirations en joyaux éblouissants de réalisation. Chaque expression de gratitude est une note douce dans la mélodie de notre vie, une note qui crée une harmonie si belle, si exquise, qu'elle ne peut que faire écho dans les profondeurs de l'univers, invitant encore plus de magie dans notre réalité.

En conclusion, la manifestation intentionnelle est le mariage sublime entre le divin et le mortel, entre l'infinité du cosmos et l'intimité de l'âme humaine. Elle est une danse sacrée avec l'univers, une invitation à participer à la co-création de notre propre épique. Avec chaque intention, chaque alignement, chaque moment de patience et chaque acte de gratitude, nous dessinons notre propre cartographie céleste, inscrivant notre existence dans le grand livre de la vie.

3. Le miroir universel : Un voyage à travers le reflet de l'infini

Le miroir universel est une métaphore cosmique qui illustre la beauté, la complexité et le mystère de notre interaction avec la toile de la réalité. Dans ce miroir, chaque étincelle de notre être, chaque fragment de notre âme est reflété, projetant ainsi notre essence dans le vaste espace de l'existence.

a. Réflexion directe : Le poème de l'âme

Imaginez l'univers comme un écrivain cosmique qui compose un poème sans fin, une œuvre d'art éternelle. Chacune de nos pensées et de nos émotions sont des mots, des phrases, voire des strophes entières ajoutées à cette composition. Notre conscience individuelle interagit avec la conscience universelle, enrichissant et compliquant le texte à chaque moment. Dans cette perspective, nous ne sommes pas de simples observateurs passifs, mais des co-créateurs actifs dans l'acte sacré de l'écriture.

Ce poème n'est pas seulement composé de mots, mais aussi de fréquences et de vibrations. Chaque pensée, chaque émotion a sa propre "note", et ces notes s'harmonisent pour créer une symphonie vibratoire. Ce que le miroir universel reflète en retour est le produit de cette symphonie. Si les notes sont discordantes, nous verrons un reflet de cette dissonance dans notre réalité. Si elles sont harmonieuses, notre expérience sera tout aussi harmonieuse.

Le miroir universel ne juge pas; il reflète simplement ce qui est. En tant que tel, il fonctionne comme un gardien infaillible de la vérité. Il ne montre pas ce que nous voulons voir, mais ce qui est réellement là, basé sur les fréquences que nous émettons. Cela peut parfois être inconfortable, mais c'est aussi incroyablement libérateur. Nous ne pouvons pas nous cacher de nous-mêmes; le miroir nous révèle dans toute notre authenticité.

Chaque choix que nous faisons, chaque intention que nous formulons, sert à enrichir ce poème. Rien n'est insignifiant. Un simple sourire peut ajouter une lumière à notre vers, tout comme une pensée négative peut ajouter une nuance d'obscurité. C'est pourquoi il est si crucial d'être conscient de chaque pensée et de chaque émotion. Elles sont comme des pinceaux dans notre main, colorant la toile de notre vie.

Comme tout grand poème, notre vie est un ouvrage en progression. Il n'est jamais trop tard pour ajouter un nouveau vers, pour changer le ton, pour introduire une nouvelle métrique. Et chaque fois que nous le faisons, le miroir universel est là pour refléter cette nouvelle version de nous-mêmes, nous encourageant à continuer d'écrire, à continuer de créer, à continuer de vivre dans la véritable expression de notre âme.

En somme, la notion de réflexion directe dans le contexte du miroir universel nous appelle à une profonde prise de conscience de la manière dont nous contribuons au récit cosmique. C'est à la fois une responsabilité et un privilège, nous incitant à être plus conscients, plus intentionnels et plus authentiques dans la manière dont nous nous engageons avec nous-mêmes et avec le monde.

b. L'importance de l'auto-examen : Le scrutateur du Soi

Lorsque le miroir universel nous renvoie un reflet inconfortable, il peut être tentant de détourner le regard ou de blâmer des facteurs externes. Cependant, cette confrontation est une invitation à nous arrêter et à regarder de plus près. C'est un moment de vérité qui appelle à l'auto-examen.

Imaginez cette pratique d'auto-examen comme tenant une bougie devant un miroir dans une pièce sombre. La lumière éclaire non seulement ce qui est facilement visible mais aussi ce qui est caché dans l'obscurité. Elle révèle les coins et recoins de notre être que nous n'avons peut-être pas voulu ou été capables de voir. Ce sont souvent ces éléments cachés qui détiennent la clé pour comprendre les défis auxquels nous sommes confrontés.

La question — "Quel aspect de moi voit-on dans cette ombre, dans ce défi?" — est une forme de quête ou de pèlerinage intérieur. C'est un moyen de naviguer dans le labyrinthe de notre psyché pour trouver la source des schémas de comportement ou des croyances qui se manifestent dans notre réalité. Le simple acte de poser cette question avec sincérité peut initier un processus de transformation.

L'auto-examen n'est pas simplement un acte de diagnostic; c'est aussi un acte d'alchimie. En mettant en lumière les facettes cachées de nous-mêmes, nous avons l'opportunité de les transformer. Qu'il s'agisse de vieilles blessures, de croyances limitatives ou de peurs infondées, ce sont des matières premières que nous pouvons transmuter en or — la sagesse, la compassion et la force.

Dans cette pratique d'auto-examen, nous devenons à la fois l'observateur et l'observé, le scrutateur et le scruté. C'est une danse intime avec soi-même qui nécessite courage, honnêteté et une volonté d'affronter même les vérités les plus inconfortables. Pourtant, ce sont souvent ces vérités qui détiennent le potentiel le plus grand pour la croissance et le changement.

En somme, l'auto-examen est une étape cruciale sur le chemin de la compréhension de soi et de l'évolution spirituelle. Ce n'est pas un acte ponctuel, mais plutôt une pratique continue qui nous enrichit et nous éclaire à chaque étape du voyage. En nous scrutant avec amour et intention, nous apprenons à voir notre reflet dans le miroir universel non pas comme une sentence, mais comme un guide, un outil pour devenir les versions les plus complètes et authentiques de nous-mêmes.

c. Transformation de l'image intérieure : Le sculpteur de réalités

La première étape dans cette transformation est de prendre conscience de la "matière brute" avec laquelle nous travaillons. Ce sont nos pensées, nos émotions, nos croyances, et nos schémas comportementaux. Comme un sculpteur devant un bloc de marbre, nous observons ce matériau sous tous ses angles, reconnaissant ses imperfections, mais aussi son potentiel immense pour devenir quelque chose de beau et significatif.

Le sculpteur utilise des outils spécialisés pour tailler et modeler la pierre. De la même manière, nous avons à notre disposition une panoplie de pratiques et de techniques pour façonner notre réalité intérieure. Cela peut inclure la méditation pour apaiser l'esprit, la visualisation pour créer des images mentales puissantes, la thérapie pour résoudre des problèmes émotionnels complexes, ou même l'art et l'expression créative pour donner forme à nos aspirations.

Le processus de sculpture n'est pas seulement un acte de soustraction—enlever ce qui n'est pas nécessaire—mais aussi un acte d'addition—ajouter des détails, polir, affiner. De même, dans le processus de transformation de notre image intérieure, il est souvent nécessaire non seulement d'éliminer les croyances et les attitudes qui nous limitent mais aussi de cultiver activement des qualités positives comme la gratitude, la compassion et la confiance en soi.

Tandis que nous modifions notre état intérieur, le miroir universel ajuste son reflet en conséquence. C'est comme si ce miroir était une toile dynamique, changeant et s'adaptant à chaque coup de pinceau ou à chaque coup de ciseau que nous appliquons à notre propre être. C'est un feedback constant, un dialogue silencieux mais puissant entre notre monde intérieur et le cosmos.

Contrairement à une sculpture en pierre, qui est fixe et immuable une fois complétée, notre œuvre intérieure est toujours en évolution. C'est une œuvre d'art vivante, une sculpture fluide qui change et grandit au fil du temps. Et comme toute œuvre d'art, elle a le pouvoir de toucher, d'élever et de transformer—non seulement nous-mêmes mais aussi ceux qui entrent en contact avec notre énergie et notre présence.

Ainsi, en devenant des "Sculpteurs de Réalités," nous embrassons le pouvoir transformatif inhérent à chaque être humain. Nous prenons en main les outils et les techniques qui nous permettent de créer, de façonner et de réinventer continuellement notre expérience de la vie, tout en comprenant que chaque coup de ciseau, chaque détail ajouté, est une invitation à l'univers pour manifester ce nouveau "nous" dans le miroir du cosmos.

d. Les opportunités cachées : Le trésor des épreuves
Quand nous sommes confrontés à des défis, il est facile de se perdre dans le voile des illusions — la peur, le doute, la colère, et autres émotions négatives qui peuvent masquer la vérité. Ce voile peut nous faire voir l'épreuve comme une punition ou un fardeau. Pourtant, si nous changeons notre perspective et levons ce voile, nous pouvons découvrir que chaque épreuve cache en elle un trésor d'opportunités pour la croissance personnelle.

Chaque épreuve peut être considérée comme une étape sur une carte spirituelle. Les défis sont les marques qui signalent où nous devons creuser plus profondément pour trouver des trésors cachés de sagesse et de connaissance de soi. En suivant cette "carte," nous apprenons à naviguer à travers les complexités de la vie avec plus de résilience, de compréhension, et d'équilibre.

Pour extraire ces trésors cachés, nous avons besoin des outils appropriés. Ces outils peuvent inclure l'auto-réflexion, le conseil spirituel, la méditation, ou même des discussions profondes avec des amis et des mentors. Comme un archéologue méticuleux, nous utilisons ces outils pour creuser dans le sol de notre expérience, à la recherche de ces pépites d'or de sagesse qui sont enfouies.

Une fois que ces trésors sont découverts, ils ne restent pas cachés. Nous les ramenons à la lumière de notre conscience, où ils peuvent être examinés, compris, et intégrés dans notre vie. En faisant cela, nous transformons non seulement notre propre expérience mais aussi celle de ceux qui nous entourent. Notre lumière intérieure devient plus brillante, et cette luminosité est quelque chose que le miroir universel ne peut manquer de refléter.

Il est essentiel de reconnaître et d'apprécier ces trésors une fois qu'ils sont découverts. En éprouvant de la gratitude pour les défis qui nous ont amenés à eux, nous complétons le cycle et envoyons un message clair à l'univers : nous sommes prêts pour plus de croissance, plus de sagesse, et plus d'opportunités pour briller. En fin de compte, notre gratitude alimente une spirale ascendante d'expérience positive et de bien-être, créant ainsi une nouvelle réalité qui est en phase avec notre moi le plus élevé.

En somme, les opportunités cachées dans chaque épreuve sont les trésors qui enrichissent notre voyage spirituel. En les cherchant activement et en les intégrant dans notre vie, nous devenons non seulement des chercheurs de trésor mais aussi des créateurs de notre propre destin, modelant ainsi une réalité qui reflète notre aspiration à devenir la meilleure version de nous-mêmes.

e. Célébration et reconnaissance : La danse de la gratitude
Célébrer et reconnaître les moments de bonheur, même les plus infimes, opère une sorte d'alchimie intérieure. Ce simple acte de gratitude transmute notre énergie, transformant même les métaux les plus communs de notre expérience quotidienne en or pur. La gratitude a ce pouvoir remarquable d'élever notre fréquence vibratoire, de nous faire ressentir plus vivants et plus connectés à la source de tout ce qui est.

Dans la vaste symphonie de la vie, chaque mot de gratitude, chaque action de reconnaissance, est comme un accord parfait qui résonne à travers le cosmos. Ces accords se combinent pour former une mélodie d'harmonie, de paix, et de contentement. La gratitude n'est pas seulement une émotion ou une pensée, mais une vibration, une fréquence qui dialogue avec l'univers, établissant un langage universel de l'amour et de l'appréciation.

Le miroir universel, en tant que témoin impartial, reflète cette danse de gratitude que nous exécutons. Cette célébration, capturée dans le miroir, amplifie les ondes positives que nous avons émises. Et la magie du miroir est telle qu'il ne fait pas que refléter ce qu'il voit, il le multiplie, élargissant ainsi le cercle de notre influence positive.

Cette danse de la gratitude met en mouvement une roue du karma positif. Plus nous sommes reconnaissants pour les petites choses, plus nous devenons réceptifs aux grandes bénédictions qui sont souvent juste au coin de la rue. Cela crée un cycle d'attraction positive, une boucle de feedback qui ne fait que renforcer notre énergie et notre lumière, attirant encore plus de raisons de célébrer et d'être reconnaissant.

La gratitude régulière est comme un entretien pour l'âme. Elle maintient notre lumière interne brillante et éclatante. Dans cet état d'éclat, nous ne sommes pas seulement des réceptacles de bien-être, mais aussi des phares pour les autres. Notre gratitude illuminée encourage également les personnes autour de nous à adopter une posture de reconnaissance et de positivité.

En résumé, la célébration et la reconnaissance sont des composantes essentielles de notre interaction avec le miroir universel. En dansant la danse de la gratitude, nous amplifions non seulement notre propre lumière mais aussi celle de l'univers, créant une réalité qui est en parfaite résonance avec nos valeurs, nos aspirations, et notre être le plus authentique. C'est une danse sans fin, une célébration éternelle de la vie elle-même.

Le miroir universel est un guide, un enseignant et un ami sur notre voyage spirituel. En étudiant ses reflets avec l'œil du cœur et de l'âme, nous prenons des mesures pour aligner notre réalité externe avec notre vérité intérieure. En faisant cela, nous co-créons un monde qui n'est pas seulement un reflet de nos désirs, mais aussi un écho de notre évolution spirituelle, une célébration de notre magnificence et un testament à notre potentiel infini.

---

4. Nature cyclique

Le flux et le reflux de notre énergie vitale sont comme la respiration de l'univers—un cycle inhérent à la nature même de la vie. Ces ondes énergétiques sont comme la musique de fond de notre existence, dictant le tempo de nos actions, de nos pensées, et de nos émotions. Accepter et comprendre ce rythme naturel nous libère de la tyrannie de la constance et nous ouvre à une vie plus harmonieuse et authentique.

a. La conscience des cycles : Le calendrier de l'âme

Un agriculteur qui sème en hiver ou qui récolte trop tôt compromet son rendement et son bien-être. De même, une conscience aiguë de nos cycles énergétiques internes est un facteur clé pour maximiser notre potentiel. Elle nous enseigne à travailler en harmonie avec nos rythmes naturels plutôt qu'en opposition à eux. Par exemple, si nous savons que nous sommes plus productifs le matin, cela devient le moment idéal pour des tâches qui demandent une grande concentration.

La notion de "calendrier de l'âme" peut être visualisée comme une cartographie énergétique personnelle, marquant les phases de notre vie où l'énergie fluctue et où elle stagne. Cela peut aller au-delà de la simple reconnaissance de nos rythmes quotidiens. En observant les cycles plus longs, peut-être en relation avec les saisons, les cycles lunaires, ou même des événements astrologiques, nous pouvons planifier nos activités de manière plus efficace et enrichissante.

Ce n'est pas seulement nos propres cycles qui ont un impact sur nous; les cycles cosmiques tels que les phases de la lune, les équinoxes, et même les alignements planétaires peuvent exercer une influence. Ainsi, être conscient de ces forces cosmiques peut ajouter une autre couche à notre "calendrier de l'âme." Par exemple, de nombreuses traditions croient que la nouvelle lune est un moment propice pour initier de nouveaux projets, tandis que la pleine lune est plus adaptée à la réflexion et à la libération.

Lorsque nous nous alignons avec ces cycles naturels et cosmiques, chaque action que nous prenons devient plus intentionnelle. Par exemple, si nous sommes conscients qu'une certaine phase est propice à la croissance personnelle, nous pourrions décider que c'est le bon moment pour commencer une nouvelle routine de méditation ou pour prendre un nouveau défi professionnel.

Prendre le temps de comprendre et de respecter nos propres cycles énergétiques — ainsi que ceux du monde qui nous entoure — est comme être un sage agriculteur de l'âme. Nous apprenons quand semer les graines de nouvelles idées, quand arroser et nourrir nos projets en cours, et quand récolter les fruits de notre travail. Ce faisant, nous vivons une vie plus harmonieuse, plus équilibrée, et plus accomplie.

b. La navigation énergétique : Le surf cosmique

L'eau est un excellent exemple de la navigation énergétique. Elle s'adapte à son environnement, coulant autour des obstacles, mais aussi capable de forger des canyons avec sa puissance. Dans la même veine, surfer sur nos propres vagues d'énergie nous permet de nous adapter aux défis et aux opportunités de la vie. La sagesse fluide que nous développons est comme celle de l'eau — toujours en mouvement, toujours adaptable.

Le premier pas pour devenir un bon "surfeur cosmique" est de développer un sens aigu de la conscience de soi. Comme un radar, nous devons être capables de détecter les fluctuations subtiles de notre propre énergie. Sommes-nous fatigués? Pleins d'énergie? Motivés ou apathiques? Reconnaître ces états nous permet de planifier en conséquence et d'agir, ou de se retirer, de manière plus stratégique.

Quand on connaît le rythme de ses propres vagues énergétiques, on peut mieux naviguer à travers les défis et opportunités qui se présentent. Dans les périodes d'énergie faible, il pourrait être plus efficace de se concentrer sur la réflexion, le repos, et l'auto-soin. Inversement, quand l'énergie est haute, c'est le moment d'agir, de socialiser, de créer. Ainsi, chaque action est plus en harmonie avec notre état intérieur, ce qui peut augmenter les chances de succès et de bien-être.

Dans le surf, attraper la bonne vague est tout une question de timing. De même, en sachant quand agir et quand se retirer, nous surfons plus efficacement sur les vagues de nos propres énergies. Cela ne signifie pas seulement d'agir quand nous nous sentons bien, mais aussi de savoir quand il est stratégique de prendre une pause, de revoir nos plans, ou même de méditer pour recentrer nos énergies.

La navigation énergétique, ou "le surf cosmique", est une compétence que l'on peut affiner avec le temps et la pratique. Elle nous enseigne à vivre en harmonie avec nos états énergétiques fluctuants, et par extension, à mieux s'adapter aux caprices imprévisibles de la vie elle-même. En devenant des maîtres du "surf cosmique", nous apprenons à nous déplacer avec grâce et intention, rendant notre voyage à travers la vie non seulement plus agréable, mais aussi plus significatif.

c. L'alchimie intérieure : La transmutation énergétique

L'alchimie, dans sa forme traditionnelle, cherchait à transformer des métaux de base en or. Cependant, à un niveau plus profond, elle s'occupait aussi de la transformation spirituelle et énergétique. Cette ancienne sagesse trouve son écho dans notre compréhension contemporaine de l'alchimie intérieure — le processus de transformer nos états énergétiques ou émotionnels moins désirables en quelque chose de plus élevé et plus positif.

L'alchimie intérieure utilise une variété d'outils pour faciliter la transmutation énergétique. Parmi eux, on trouve:

La respiration consciente: Les exercices de respiration peuvent aider à clarifier l'esprit et à apaiser les émotions.

Affirmations positives: Des déclarations positives peuvent reprogrammer notre dialogue intérieur et changer notre état d'esprit.

Méditation: Les pratiques méditatives nous permettent de nous recentrer et de toucher à une source d'énergie plus élevée.

Exercice physique: Le mouvement peut libérer des endorphines, qui sont de puissants agents de changement d'humeur.

Musique et Art: Les expressions créatives peuvent aussi être de puissants moyens de transmutation énergétique.

La transmutation énergétique n'est pas seulement une pratique réactive pour des moments difficiles; elle peut aussi être une pratique proactive qui nous aide à maintenir un équilibre énergétique. Savoir comment rapidement équilibrer nos énergies nous permet de rester centrés, surtout quand nous sommes confrontés à des situations stressantes ou stimulantes.

L'alchimie intérieure peut s'appliquer à de nombreux niveaux de notre existence — émotionnel, mental, physique et même spirituel. Par exemple, transformer une émotion négative en une émotion plus positive a un impact sur notre bien-être émotionnel, mais cela peut également avoir des effets en cascade sur notre santé mentale et physique, et même potentiellement sur notre croissance spirituelle.

L'art de la transmutation énergétique, ou l'alchimie intérieure, est une compétence précieuse qui nous permet de naviguer avec plus de maîtrise et de sérénité dans la vie. Ce faisant, nous devenons des alchimistes de nos propres états d'être, capables de créer de l'or à partir du plomb de nos expériences quotidiennes. Ce pouvoir de transformation nous dote d'une formidable résilience et d'une grande liberté intérieure, faisant de nous des navigateurs compétents dans les eaux souvent turbulentes de la vie humaine.

d. L'interconnexion avec Tout : Le réseau énergétique

Le concept de l'interconnexion universelle trouve des racines dans de nombreuses traditions spirituelles et philosophiques, de l'hindouisme à la physique quantique. Cette notion suggère que chaque élément de l'univers, de la plus petite particule à la galaxie la plus lointaine, est en réalité lié dans une toile complexe d'énergie et d'information.

Comprendre cette interconnexion peut éclairer la manière dont nous interagissons avec le monde autour de nous. Par exemple, l'énergie que nous dégageons peut influencer notre environnement et les personnes qui nous entourent, et vice versa. Cela crée une sorte de symbiose énergétique où le bien-être d'un individu peut être étroitement lié au bien-être de sa communauté et même au bien-être de la planète entière.

Les personnes, les lieux, et même les événements mondiaux peuvent servir de miroirs reflétant les aspects de notre propre état énergétique. En étant conscients de ces miroirs externes, nous pouvons avoir des aperçus sur les aspects de notre propre vie qui ont besoin d'attention, de transformation, ou même de célébration.

Prenons un moment pour considérer notre impact énergétique sur la Terre. Notre relation avec notre environnement est également une manifestation de cette interconnexion. Les choix écologiques que nous faisons, consciemment ou inconsciemment, influencent l'énergie de la planète, et cette énergie en retour nous influence.

Comprendre l'interconnexion avec tout nous donne également un accès direct à une compassion plus profonde, non seulement pour nous-mêmes mais aussi pour les autres. Cela nous permet de voir que chaque action a une résonance au-delà de son point d'origine, motivant des choix plus réfléchis et aimants.

L'interconnexion énergétique nous offre une perspective globale qui peut transformer notre manière de voir et d'interagir avec le monde. En étant conscients de ces liens, nous pouvons travailler à harmoniser notre propre énergie avec celle de l'univers, ce qui est bénéfique non seulement pour notre propre bien-être, mais aussi pour le bien-être collectif. Dans ce sens, chaque individu peut être considéré comme une cellule unique dans un organisme plus grand, travaillant en harmonie pour le bien-être de l'ensemble.

La fluidité de l'énergie n'est pas seulement un concept, mais une réalité pratique qui influence chaque aspect de notre vie. En devenant plus conscients de ce flux, nous pouvons mieux naviguer dans le voyage complexe et souvent imprévisible de la vie humaine. Ce faisant, nous devenons des marins compétents, capables de naviguer à travers les tempêtes et les mers calmes avec une égale maîtrise, trouvant la joie et le sens dans chaque vague que nous rencontrons.

5. Le rôle de l'action alignée

L'attraction universelle, bien qu'essentielle, n'est qu'une partie de l'équation de la manifestation. Pour véritablement réaliser nos désirs, une action alignée est nécessaire. Il s'agit de faire des pas concrets qui reflètent notre intention et notre foi en la réalisation de ce que nous souhaitons. Examinons de plus près les nuances de cette démarche et comment elle renforce notre pouvoir de manifestation.

a. Définir "Action alignée" : Le ballet de l'intention et du mouvement

L'action alignée est un acte délibéré, conscient et intentionnel qui transcende la simple réalisation de tâches ou le suivi d'un ensemble de directives. Imaginez cette action comme une danse intime avec la vie elle-même, où chaque mouvement est guidé par une musique intérieure que seul vous pouvez entendre. Au cœur de cette danse se trouve une intention profonde, qui agit comme la mélodie ou le "pourquoi" qui orchestre chaque étape de votre voyage. Cette intention est comme un fil d'or, tissé à travers le tissu de vos actions, et c'est elle qui donne un sens et une direction à votre danse.

Lorsque vous agissez en accord avec cette intention profonde, une qualité de fluidité et de "justesse" s'infuse dans vos actions. Les obstacles et les défis peuvent demeurer, mais ils sont perçus moins comme des entraves et plus comme des étapes du voyage, des notes discordantes peut-être, mais qui finissent par enrichir la mélodie complète. Dans cet état, il y a souvent une expérience de synchronicités, comme si l'univers tout entier participait à votre danse, vous confirmant que vous êtes sur la bonne voie.

Agir ainsi, c'est comme danser au rythme d'une musique intérieure, une musique qui n'est pas seulement une série de notes ou de mouvements, mais une expression de votre être le plus authentique. Cette danse n'est pas une performance pour le monde extérieur, mais plutôt une affirmation de soi, une célébration de votre individualité dans le grand bal cosmique de la vie. En somme, l'action alignée devient le pont vivant entre l'intention et la réalisation, transformant le désir en réalité dans le processus dynamique de co-création avec l'univers.

b. Intuition vs. forçage :

L'intuition et le forçage sont comme deux voies divergentes que l'on peut emprunter pour atteindre un objectif. L'intuition est cette douce voix intérieure, un compas émotionnel qui pointe dans une direction sans créer de tension ou de résistance. C'est comme glisser sur l'eau avec une embarcation bien conçue, où chaque coup de rame est en harmonie avec le courant. C'est une approche qui se sent juste au niveau du cœur et de l'âme, presque comme si vous étiez guidé par une force supérieure qui sait exactement où vous devez aller.

Le forçage, en revanche, ressemble davantage à une lutte contre le courant. C'est la sensation d'avoir à utiliser une machette pour se frayer un chemin à travers une jungle dense et résistante. Cette voie est souvent jalonnée de stress, de tension et de doute, et même si elle peut éventuellement mener à la destination désirée, le voyage est probablement épuisant et plein d'obstacles. En fait, la machette laisse des cicatrices non seulement sur la jungle mais aussi sur l'âme.

Lorsqu'on choisit la voie de l'intuition, le voyage vers la réalisation de nos désirs et de nos rêves devient moins une bataille et plus une danse. Il s'agit d'une danse avec les opportunités et les défis, où l'alignement et l'harmonie remplacent la tension et le conflit. En écoutant ce compas intérieur et en lui faisant confiance, la vie prend une qualité plus gracieuse, comme si vous suiviez une mélodie qui a toujours été là, attendant simplement que vous prêtiez l'oreille. En fin de compte, opter pour l'intuition plutôt que le forçage rend le voyage de la vie non seulement plus agréable mais aussi plus significatif, car il est en accord avec qui vous êtes vraiment.

c. Synchronicités et signes :

Lorsque vous commencez à agir en alignement avec vos intentions profondes, l'univers semble souvent réagir de manière presque magique, tissant une série de synchronicités et de signes qui vous guident et vous réconfortent. C'est comme si vous aviez activé une sorte de GPS cosmique, qui vous confirme que vous êtes sur le bon chemin vers votre destination. Ces moments peuvent être des rencontres inattendues qui ouvrent de nouvelles portes, des chiffres récurrents qui apparaissent juste quand vous pensez à un problème spécifique, ou même une chanson à la radio qui semble répondre à une question que vous vous posiez.

Ces synchronicités ne sont pas de simples coïncidences, mais plutôt des signaux indiquant que votre action alignée a trouvé une résonance dans le tissu même de la réalité. Ils sont comme des clins d'œil de l'univers, des rappels doux mais puissants que vous n'êtes pas seul dans votre quête. Ces signes encouragent à continuer à avancer, fortifiant votre confiance et votre foi dans le processus de vie.

Qu'il s'agisse d'un mot prononcé par un étranger dans un moment de doute ou d'une série d'événements qui semblent se dérouler de manière trop parfaite pour être accidentelle, ces synchronicités ont le pouvoir de transformer l'incertitude en conviction. Ils sont les pierres de touche qui confirment que votre action alignée vous conduit dans la direction que vous avez espérée, peut-être même au-delà de ce que vous aviez imaginé. En étant attentif à ces signes et en les accueillant comme des confirmations, vous vous synchronisez davantage avec le flux cosmique, rendant le voyage de réalisation de vos rêves et de vos intentions d'autant plus joyeux et significatif.

d. Obstacles :

Dans le voyage de la vie, surtout quand on s'efforce de réaliser ses rêves et ses objectifs, les obstacles sont inévitables. Toutefois, la façon dont nous les percevons et les abordons peut faire toute la différence. Plutôt que de les voir comme des échecs ou des entraves à notre progrès, nous pouvons les accueillir comme des "maîtres déguisés", des opportunités d'apprendre, de s'ajuster et de s'affiner.

Un obstacle peut en fait être un signe que vous êtes sur le bon chemin, mais qu'il y a des ajustements à faire, des compétences à acquérir ou des perspectives à élargir. Par exemple, si vous cherchez à avancer dans votre carrière et vous heurtez à un mur, cela pourrait être l'occasion d'acquérir une nouvelle compétence, de réseauter ou de réévaluer votre approche.

Chaque défi peut être vu comme une invitation à grandir, une étape de votre voyage intérieur vers la meilleure version de vous-même. En traitant les obstacles comme des tremplins plutôt que des barrières, vous transformez des expériences qui auraient pu être démotivantes en des occasions de développement personnel et d'expansion.

Et souvent, une fois que nous avons surmonté un obstacle, nous trouvons que nous sommes plus forts, plus sages, et plus préparés pour les défis futurs. En restant engagé dans le processus, et en voyant chaque défi comme une chance de croître et d'évoluer, nous renforçons notre résilience et notre capacité à manifester ce que nous désirons vraiment. De plus, surmonter les obstacles avec grâce et détermination envoie un message puissant à l'univers sur votre engagement, rendant votre action encore plus alignée avec vos intentions profondes.

e. La co-création avec l'Univers :
Dans le processus de la manifestation, penser positivement ou simplement désirer quelque chose ne suffit souvent pas. C'est là que l'action alignée entre en jeu, servant de pont entre le domaine de l'intention et celui de la réalité physique. Lorsque vous agissez en accord avec vos intentions, vous envoyez un signal clair à l'Univers que vous êtes sérieux dans votre engagement à réaliser vos désirs. Vous n'êtes plus un passager inactif dans votre propre vie; vous devenez un co-créateur actif.

L'action alignée peut être vue comme une forme de dialogue ou de partenariat avec l'Univers. Chaque étape que vous prenez ouvre la voie à des opportunités, des synchronicités, et des "coïncidences" qui semblent miraculeusement alignées avec votre trajectoire.

L'Univers répond à votre engagement par des signes, des opportunités et des rencontres qui vous rapprochent de votre objectif. C'est une danse dynamique de donner et de recevoir, d'agir et de permettre.

Il est aussi important de se rappeler que l'Univers est plus comme un partenaire de danse que comme un serviteur. Il attend que vous fassiez le premier pas, que vous établissiez le rythme et la direction, pour ensuite y répondre en harmonie. Ce partenariat est un équilibre délicat de l'effort personnel et de la grâce cosmique, chacun alimentant et facilitant l'autre.

En fin de compte, la co-création avec l'Univers n'est pas un concept passif; c'est un acte actif et continu qui nécessite à la fois de l'attention et de l'action. Par cette dynamique, vous n'êtes pas seulement soumis aux caprices de la destinée, mais activement engagé dans la sculpture et la définition de votre propre réalité. Vous devenez ainsi un véritable co-créateur de votre vie, travaillant en tandem avec les forces plus grandes que vous pour manifester vos rêves et vos désirs.

En mettant en lumière l'importance de l'action alignée, nous soulignons que le pouvoir de manifestation n'est pas seulement une question de pensée, mais également d'action. C'est en intégrant cette démarche dans notre vie quotidienne que nous construisons un pont solide entre le royaume des possibilités et la réalité tangible. Ainsi, l'action alignée devient la clé qui déverrouille la porte vers la réalisation de nos rêves les plus chers.

6. La patience et la confiance

Dans le processus de manifestation, la patience et la confiance agissent comme le socle émotionnel et spirituel qui soutient toute entreprise. Il est facile de devenir frustré quand les choses ne se déroulent pas comme prévu ou ne se manifestent pas aussi rapidement que nous le souhaiterions. C'est dans ces moments que la patience et la confiance se révèlent être des ressources inestimables. Ces vertus nous rappellent que le voyage compte autant que la destination et que le temps et l'espace sont souvent plus malléables que nous ne le pensons.

a. Comprendre la notion de timing Divin :

Le concept de timing divin peut être incroyablement libérateur. Il sert de rappel que la chronologie de l'univers ne suit pas nécessairement nos calendriers personnels. En adoptant la croyance que tout arrive exactement au moment où cela doit se produire, une profonde sérénité peut imprégner notre expérience quotidienne. Cette sérénité vient de la confiance que, même si les circonstances actuelles sont difficiles ou incertaines, elles contribuent à un bien plus grand qui n'est peut-être pas immédiatement visible.

Cette notion peut également soulager le stress et l'anxiété associés à l'impatience, surtout lorsque nous nous efforçons de manifester quelque chose dans nos vies. Le timing divin nous rappelle de respirer, de lâcher prise et de permettre au flux naturel des événements de suivre son cours. Plutôt que de forcer les choses à se produire, nous pouvons prendre du recul, ajuster notre point de vue et réévaluer la situation avec une nouvelle clarté.

Ce n'est pas une invitation à la complaisance ou à l'inaction, mais plutôt un rappel que l'harmonie et l'équilibre sont des éléments clés dans le grand schéma des choses. Il nous encourage à être à l'écoute, à prêter attention aux signes et aux synchronicités, et à prendre des mesures alignées quand l'intuition nous guide. Ainsi, le timing divin devient moins une raison d'attendre passivement qu'une opportunité de s'engager activement avec la vie, en confiance que le bon moment pour tout se présentera naturellement.

b. La beauté de la patience :

La patience peut être vue comme un acte d'amour envers soi-même, une reconnaissance que notre bien-être émotionnel et mental mérite le respect du temps. Dans un monde qui valorise la rapidité et l'instantanéité, choisir d'être patient est presque contre-culturel, et c'est précisément ce qui en fait une vertu si précieuse. C'est un engagement envers une vision plus profonde, un investissement dans un futur plus riche et plus significatif.

Le dicton "la meilleure chose vient à ceux qui savent attendre" capture cette essence. Attendre n'est pas simplement une période d'inaction ou d'ennui; c'est une occasion de préparation, de réflexion et d'appréciation. Cela permet un espace où d'autres éléments peuvent se mettre en place, tant à l'intérieur de nous qu'à l'extérieur. Cette période d'attente peut également être le terrain fertile où notre compréhension et notre appréciation des choses peuvent mûrir, rendant l'aboutissement final d'autant plus doux.

Dans cette optique, la patience nous aide à savourer le voyage en cours. Nous cessons de fixer notre bonheur sur un résultat futur et commençons à trouver de la joie dans le processus lui-même. C'est une invitation à être pleinement présent, à engager chaque moment comme une fin en soi plutôt que comme un moyen pour atteindre une fin.

Il y a une beauté particulière dans cette forme de patience. Elle nous donne la liberté de relâcher notre besoin de contrôle, d'ouvrir notre esprit à d'autres possibilités et d'accueillir la vie telle qu'elle se présente. Cela nous permet de voir chaque étape, chaque détour et chaque pause non pas comme des obstacles, mais comme des parties intégrantes de notre voyage unique.

c. Confiance en l'Univers :
La confiance en l'univers, ou en une force supérieure, peut être un pivot transformationnel dans notre expérience de vie. Elle nous invite à dépasser notre propre ego limité, nos craintes et nos désirs immédiats pour s'ouvrir à un plan plus vaste qui s'orchestre souvent au-delà de notre compréhension immédiate. Cette confiance est un acte de foi, et dans cette foi réside une grande liberté : la liberté de lâcher prise, de se libérer des fardeaux de l'anxiété, de la préoccupation et du besoin de micro-gérer chaque aspect de notre vie.

Ce type de confiance est intrinsèquement lié à la notion de lâcher prise, une idée qui peut être difficile à adopter dans une culture qui valorise la maîtrise de soi et le contrôle comme indicateurs de succès et de compétence. Cependant, il y a une puissance paradoxale dans le lâcher prise, dans l'acte d'abandonner volontairement notre illusion de contrôle pour embrasser une forme plus fluide et adaptable de navigation dans la vie.

Ce faisant, nous nous rendons disponibles à des formes d'aide et de synchronicités que notre tension et notre résistance auraient pu autrement bloquer. Nous permettons également à notre propre sagesse intérieure de s'exprimer, cette partie de nous qui est en accord avec un flux universel plus grand. C'est cette synergie, ce dialogue ouvert et dynamique avec l'univers, qui peut apporter une profondeur et une richesse inattendues à notre voyage de manifestation.

Au bout du compte, faire confiance à l'univers peut être vu comme un acte d'humilité, une reconnaissance que nous ne sommes qu'une petite partie d'un tout beaucoup plus grand, et que ce tout a sa propre logique, son propre rythme et sa propre sagesse. En adoptant cette perspective, nous ne nous diminuons pas ; au contraire, nous nous élevons, car nous nous alignons avec les forces cosmiques qui sont bien plus puissantes que nous seuls.

d. Relâcher l'attachement au résultat :
L'attachement excessif à un résultat particulier peut devenir une forme de tunnel vision, limitant notre capacité à voir d'autres chemins et opportunités qui pourraient être tout aussi, sinon plus, bénéfiques pour nous. Cette focalisation rigide peut également générer du stress et de l'anxiété, car nous nous trouvons en position de juger constamment notre succès ou notre échec sur la base de critères très spécifiques. En d'autres termes, nous conditionnons notre bonheur et notre bien-être à une réalisation externe, ce qui peut être source de grande instabilité émotionnelle.

En revanche, relâcher notre attachement aux résultats n'est pas synonyme de manque d'ambition ou de désengagement. Au contraire, cela nous permet de maintenir nos intentions tout en étant flexibles dans la manière dont ces intentions peuvent se manifester. C'est une ouverture à la surprise, une invitation à l'émerveillement et à l'étonnement. C'est une reconnaissance que la vie est plus riche et plus complexe que nos schémas et plans individuels, et que l'univers peut nous offrir des cadeaux inattendus lorsque nous sommes réceptifs et ouverts.

Cette ouverture a également un effet libérateur sur notre psyché. Elle élimine la pression que nous pouvons nous imposer en insistant pour que les choses se passent d'une certaine manière, nous permettant de vivre l'instant présent avec plus de joie et de tranquillité. Cela ouvre également un espace pour que la synchronicités et la magie opèrent, pour que les forces de l'univers entrent en jeu de manière plus perceptible.

En somme, relâcher l'attachement au résultat peut transformer notre expérience de la manifestation, changeant un parcours potentiellement stressant et unilatéral en un voyage d'exploration, de découverte et de co-création avec l'univers. Ce faisant, nous accueillons une gamme beaucoup plus large de possibilités pour la réalisation de nos rêves et intentions.

e. Le rôle des épreuves :
Dans le voyage de la manifestation, les épreuves et les retards peuvent être facilement perçus comme des obstacles frustrants qui nous éloignent de nos objectifs. Mais considérés sous un autre angle, ces défis peuvent aussi être vus comme des opportunités en déguisement. Ils nous obligent à réfléchir plus profondément à nos intentions, à affiner nos désirs et à développer des qualités comme la résilience, la détermination et la créativité. Chaque épreuve est une chance de mieux nous comprendre, de mieux comprendre notre environnement et de devenir la version de nous-même la plus authentique et la plus forte possible.

Les retards peuvent également servir de période de préparation, nous donnant le temps de rassembler les ressources, les connaissances et les compétences nécessaires pour accueillir pleinement ce que nous avons manifesté. Ils sont comme une mise en scène avant le grand spectacle, une occasion de répéter et de se préparer pour que lorsque le moment arrive enfin, nous soyons complètement prêts à jouer notre rôle avec assurance et compétence.

C'est là que la patience et la confiance entrent en jeu. Ces deux qualités transforment la façon dont nous naviguons à travers les défis et les retards. La patience nous permet de rester centrés et équilibrés, même lorsque les choses ne progressent pas aussi rapidement que nous le souhaiterions. Elle nous rappelle que le processus est tout aussi important que le produit final. La confiance, quant à elle, éradique le doute et l'incertitude, nous remplissant d'une foi inébranlable que tout se déroule selon un plan plus grand et plus sage que nous pourrions imaginer.

En cultivant ces deux forces actives, nous ne sommes pas seulement en train de «faire avec» les défis et les retards; nous les intégrons en fait comme une partie enrichissante de notre voyage de manifestation. Nous reconnaissons que ces épreuves ne sont pas des arrêts sur la voie, mais plutôt des jalons importants sur un chemin bien plus vaste et enrichissant. Et dans cet alignement et cette harmonie avec l'univers, nous trouvons une danse fluide et gracieuse avec le flux divin de la vie, accueillant chaque moment comme une étape nécessaire et précieuse vers la réalisation de notre réalité désirée.

En cultivant la patience et la confiance dans nos efforts pour manifester nos désirs, nous créons une fondation solide sur laquelle bâtir. Nous nous permettons de vivre en harmonie avec le rythme divin de l'univers, d'apprécier le voyage tout autant que la destination, et d'ouvrir nos cœurs et nos esprits aux merveilleuses possibilités qui peuvent se présenter quand nous le faisons.

TECHNIQUES POUR SE PROTÉGER CONTRE LES BASSES FRÉQUENCES ET LES ÉNERGIES NÉGATIVES

Naviguer dans le monde complexe des fréquences énergétiques nécessite non seulement la capacité d'attirer des énergies positives, mais aussi la compétence de se protéger contre les influences négatives qui pourraient perturber notre équilibre intérieur. Les basses fréquences et les énergies négatives sont des réalités inévitables de la vie humaine, et elles peuvent avoir un impact significatif sur notre bien-être à plusieurs niveaux : émotionnel, mental, physique et spirituel. C'est pourquoi il est essentiel de comprendre et de pratiquer des méthodes efficaces pour neutraliser ces forces indésirables et maintenir notre propre équilibre énergétique.

Parmi les techniques couramment employées, nous trouvons des méthodes ancestrales et modernes qui vont de la visualisation et de la méditation à l'utilisation d'objets naturels comme les pierres et les herbes. Chacune de ces méthodes offre une approche unique pour établir des frontières énergétiques et assurer une hygiène énergétique optimale.

✦ L'enracinement énergétique vous relie à la Terre, fournissant une source stable d'énergie qui peut purifier et renouveler votre propre fréquence.

✦ Le bouclier énergétique agit comme une barrière de filtration, permettant aux bonnes énergies de passer tout en bloquant les mauvaises.

✦ La sauge et la fumigation sont des pratiques anciennes qui purifient votre environnement, créant un espace sacré.

✦ Les pierres de protection servent d'amulettes, repoussant les énergies indésirables et renforçant votre propre champ énergétique.

✦ Les bains de sel utilisent les propriétés curatives du sel pour absorber et neutraliser les énergies négatives.

✦ La prière et les mantras mobilisent le pouvoir des mots et des intentions pour créer une atmosphère spirituelle protectrice.

✦ La limitation des expositions nous rappelle l'importance de la prudence et de l'auto-préservation en évitant les sources connues d'énergie négative.

En adoptant ces techniques, vous êtes non seulement équipé pour défendre votre propre énergie, mais également pour contribuer à une fréquence plus élevée et plus harmonieuse dans le monde qui vous entoure. Ce faisant, vous devenez un acteur conscient dans la danse délicate mais puissante entre votre fréquence personnelle et les lois universelles de l'attraction et de la résonance.

BONUS | Visualisation guidée : Nettoyage des chakras et Purification énergétique

Avant de commencer cette visualisation guidée, installez-vous dans un endroit calme où vous ne serez pas dérangé. Allongez-vous confortablement sur le dos ou asseyez-vous avec le dos bien droit. Assurez-vous que votre téléphone est en mode "ne pas déranger" et éliminez toutes autres sources de distractions potentielles.

Musique recommandée :

Pour accompagner cette visualisation, choisissez une musique douce et apaisante avec une fréquence de 741 Hz. Cette fréquence est connue pour favoriser l'expression de soi et le nettoyage des toxines émotionnelles.

Respirez profondément par le nez, retenez votre souffle quelques instants, puis expirez lentement par la bouche. Répétez ce cycle de respiration trois fois pour vous aider à vous recentrer et à vous préparer pour la visualisation.

Imaginez une lumière dorée en dessous de vous qui monte lentement, englobant vos pieds, vos jambes, jusqu'à la base de votre colonne vertébrale, vous reliant profondément à la Terre.

Activation du Chakra Racine :

Visualisez une boule de lumière rouge brillante à la base de votre colonne vertébrale. Imaginez cette lumière grandir à chaque inspiration, se débarrassant de toute impureté ou énergie négative à chaque expiration.

Montée vers le Chakra Sacré :

Imaginez maintenant une lumière orange juste en dessous de votre nombril. Cette lumière grandit et brille, équilibrant et purifiant votre chakra sacré, vous reconnectant à votre pouvoir créatif et à votre joie.

Activation du Chakra du Plexus Solaire :

Visualisez une lumière jaune brillante au niveau de votre estomac. Cette lumière s'intensifie, brûlant toutes les inquiétudes, les doutes et les peurs, vous laissant en pleine confiance et en harmonie.

Ouverture du Chakra du Cœur :

Une lumière vert émeraude enveloppe votre cœur. Avec chaque respiration, cette lumière se propage, guérissant toutes les blessures émotionnelles, permettant à l'amour et à la compassion de circuler librement.

Activation du Chakra de la Gorge :

Imaginez une lumière bleu clair au niveau de votre gorge, éliminant les blocages, vous permettant de vous exprimer librement et avec authenticité.

Éclaircissement du Chakra du Troisième Œil :

Concentrez-vous sur une lumière indigo entre vos sourcils. Cette lumière s'intensifie, aiguisant votre intuition et votre clarté mentale.

Connexion avec le Chakra Couronne :

Visualisez une lumière violette ou blanche au-dessus de votre tête, créant un portail vers l'univers. Cette lumière descend, vous enveloppant complètement, renforçant votre connexion avec l'univers et le divin.

Nettoyage global :

Imaginez maintenant une pluie de lumière dorée descendant du ciel, lavant chaque partie de votre être, emportant avec elle toutes les impuretés et énergies négatives.

Respirez profondément, sentez la paix et l'harmonie dans chaque partie de votre être. Lorsque vous êtes prêt, ramenez lentement votre attention au moment présent, bougez doucement vos doigts et vos orteils, et ouvrez les yeux.

1. L'enracinement énergétique

L'enracinement énergétique est une technique essentielle pour toute personne cherchant à équilibrer et à protéger son champ énergétique. C'est une méthode qui vous permet non seulement de vous débarrasser des énergies négatives ou stagnantes, mais aussi de vous connecter avec les énergies positives et revitalisantes de la Terre. Voyons comment cela fonctionne en détail.

a. Principe de base

Le concept fondamental de l'enracinement est la connexion profonde avec la Terre, notre planète nourricière. La Terre est une source inépuisable d'énergie stable, de nutriments et de vibrations positives. Lorsque nous nous sentons déconnectés, dispersés ou accablés par des énergies négatives, cet ancrage nous permet de drainer ces énergies indésirables tout en puisant dans l'énergie régénératrice de la Terre.

La pratique de l'enracinement est particulièrement utile pour ceux qui se sentent souvent anxieux, stressés ou émotionnellement instables. Elle nous rappelle que, tout comme les arbres s'enracinent profondément dans le sol pour se nourrir et se stabiliser, nous pouvons aussi puiser dans cette source naturelle de bien-être et d'équilibre.

b. Technique

La technique d'enracinement est simple, mais extrêmement efficace :

Position de départ: Asseyez-vous confortablement sur une chaise ou sur le sol, les pieds bien à plat. Vous pouvez également pratiquer l'enracinement en position debout.

Respiration: Prenez quelques respirations profondes pour vous centrer. Inspirez par le nez et expirez par la bouche, en vous concentrant sur l'acte de respirer.

Visualisation: Fermez les yeux et imaginez une lumière brillante au sommet de votre tête. Laissez cette lumière descendre le long de votre colonne vertébrale jusqu'à la base.

Établissement des racines: Visualisez maintenant des racines partant de la base de votre colonne vertébrale, traversant toutes les couches du sol et s'enfonçant profondément dans le cœur de la Terre.

Drainage et revitalisation: Imaginez ces racines aspirant toute l'énergie négative, le stress, l'anxiété et les soucis hors de votre corps. Visualisez ces énergies indésirables se déversant dans la Terre, où elles sont neutralisées. En retour, imaginez que ces racines vous apportent l'énergie nourrissante et revitalisante de la Terre.

Retour à la conscience: Une fois que vous sentez que l'échange d'énergie est complet, commencez à retirer mentalement les racines du sol et à les ramener dans votre corps. Prenez quelques respirations profondes, ouvrez les yeux et revenez à la conscience ordinaire.

En pratiquant régulièrement cette technique, vous vous trouverez non seulement mieux protégé contre les énergies négatives, mais vous vous sentirez aussi plus centré, plus équilibré et plus en phase avec la nature et l'univers.

2. Bouclier énergétique

L'idée de créer un bouclier énergétique autour de soi est une pratique ancestrale que l'on retrouve dans diverses traditions spirituelles et métaphysiques. Le but est de maintenir une barrière protectrice qui agit comme un filtre pour les énergies qui entrent en contact avec vous. Ce bouclier peut servir à vous protéger non seulement des énergies négatives externes, mais aussi à maintenir et à augmenter votre propre énergie positive. Examinons de plus près ce concept.

a. Principe de base

Le bouclier énergétique agit comme une barrière de lumière ou de vibration autour de vous, vous isolant des influences énergétiques indésirables. Cela vous permet de vous déplacer à travers des environnements ou des situations où vous pourriez être exposé à des énergies négatives sans être affecté par elles.

Le bouclier n'est pas un mur solide ou une coquille impénétrable; il est plutôt comme une membrane semi-perméable. Il est conçu pour permettre le passage d'énergies positives, tout en bloquant ou en neutralisant les énergies moins souhaitables.

b. Technique

La mise en place de votre bouclier énergétique peut être accomplie en quelques étapes simples :

Centrage: Comme pour l'enracinement, commencez par vous centrer en prenant quelques respirations profondes. Asseyez-vous confortablement et fermez les yeux.

Invocation: Selon votre croyance ou votre système spirituel, vous pouvez invoquer une puissance supérieure, un guide spirituel, ou votre propre intention pour aider à établir le bouclier.

Visualisation: Imaginez une bulle de lumière blanche ou dorée se formant autour de vous. Cette lumière peut émaner de votre cœur, de votre plexus solaire, ou même du sommet de votre tête, et s'étendre pour vous entourer complètement.

Caractéristiques du bouclier: Visualisez cette bulle comme étant extrêmement brillante et imperméable aux énergies négatives. Vous pouvez même imaginer cette bulle comme ayant une texture ou une densité qui repousse les énergies négatives.

Réaffirmation: Affirmez mentalement ou verbalement que ce bouclier est perméable aux énergies positives et amour, et imperméable à toute énergie négative ou destructrice.

Ancrage du bouclier: Visualisez le bouclier se fixant en place, complètement stable et solide, prêt à vous accompagner dans votre journée.

Retour à la conscience: Quand vous êtes prêt, ouvrez les yeux et revenez à votre état de conscience normal, tout en gardant à l'esprit que votre bouclier est actif.

La clé du succès de cette technique réside dans la pratique régulière et dans la force de votre intention. Avec le temps, établir votre bouclier énergétique peut devenir une seconde nature, un réflexe que vous utilisez pour naviguer dans diverses situations tout en préservant votre propre bien-être énergétique.

3. La sauge et la fumigation

La pratique de la fumigation avec de la sauge est une tradition ancestrale partagée par de nombreuses cultures, notamment les peuples autochtones d'Amérique du Nord. L'acte de brûler de la sauge et d'autres herbes sacrées est censé purifier l'énergie d'un espace, éloigner les influences négatives et créer un environnement propice à la guérison et à l'équilibre énergétique. Jetons un œil plus détaillé à cette méthode de purification.

a. Principe de base

La sauge est une plante dotée de propriétés purificatrices qui est souvent utilisée dans des cérémonies spirituelles. La combustion de la sauge produit une fumée qui est censée nettoyer l'énergie et éliminer la négativité dans l'environnement. Cela sert à "réinitialiser" l'énergie d'un espace et à le préparer pour de nouvelles intentions et expériences positives.

b. Technique

Préparation de l'Espace: Ouvrez une fenêtre ou une porte pour permettre à l'énergie négative de s'échapper. Assurez-vous que votre espace est propre et rangé, car le désordre peut souvent accumuler de l'énergie négative.

Matériaux: Procurez-vous un bâton de sauge blanche ou une autre variété de sauge appropriée pour la fumigation. Vous aurez également besoin d'un récipient résistant à la chaleur, comme une coquille d'ormeau, pour tenir sous le bâton de sauge pendant qu'il brûle.

Allumage: Allumez une extrémité du bâton de sauge jusqu'à ce qu'il commence à fumer. Éteignez la flamme pour que la sauge continue de se consumer lentement, produisant une fumée épaisse.

Purification de l'espace: Commencez à un endroit de la pièce et faites le tour en répandant la fumée de sauge. Utilisez votre main ou une plume pour disperser la fumée. Portez une attention particulière aux coins, aux portes et aux fenêtres, qui sont souvent des lieux de stagnation énergétique.

Intention: Pendant que vous vous déplacez dans l'espace, maintenez une intention claire de purification et de nettoyage. Vous pouvez réciter des prières, des mantras, ou simplement visualiser la fumée absorbant et emportant toute énergie négative.

Finalisation: Une fois que vous avez terminé, éteignez le bâton de sauge en le tapotant doucement dans le récipient résistant à la chaleur ou en l'éteignant sous un filet d'eau froide. Assurez-vous qu'il est complètement éteint avant de le ranger.

Ventilation: Laissez les fenêtres ouvertes pendant un certain temps après la fumigation pour permettre à toute énergie négative de quitter l'espace.

Gratitude: Prenez un moment pour exprimer votre gratitude pour la purification de votre espace. Cela peut être fait silencieusement ou à haute voix.

La fumigation à la sauge est une technique puissante, mais elle doit être pratiquée avec respect et conscience, en tenant compte de ses origines culturelles et spirituelles. En l'utilisant régulièrement, vous pouvez contribuer à maintenir un espace de vie sain et équilibré.

4. Les pierres de protection

L'utilisation de pierres précieuses et de minéraux pour la protection énergétique est une pratique ancestrale qui transcende diverses cultures et traditions. Ces pierres sont souvent réputées pour leurs propriétés vibratoires uniques, qui peuvent aider à repousser les énergies négatives et à renforcer les énergies positives. Parmi les pierres les plus connues pour ces propriétés, on trouve la tourmaline noire et l'œil de tigre.

a. Principe de base

La tourmaline noire est souvent utilisée pour sa puissante capacité à repousser et à bloquer les énergies négatives. Elle peut également aider à équilibrer et à purifier l'énergie de votre champ aurique. L'œil de tigre, quant à lui, est une pierre associée à la force, au courage et à la protection. Il est souvent utilisé pour repousser les énergies négatives et pour renforcer la confiance en soi. Ces pierres vibrent à des fréquences qui peuvent interférer avec les énergies négatives, agissant comme un bouclier protecteur.

b. Technique

Choix de la pierre: Avant de choisir une pierre, il peut être utile de ressentir son énergie. Tenez la pierre dans votre main et prêtez attention à la façon dont elle vous fait vous sentir. Choisissez celle qui résonne le mieux avec vous.

Nettoyage: Avant d'utiliser une nouvelle pierre, il est recommandé de la nettoyer. Vous pouvez le faire en la plaçant sous l'eau courante, en l'exposant à la lumière du soleil ou de la lune, ou en la fumigeant avec de la sauge.

Activation: Vous pouvez activer votre pierre en la tenant dans vos mains et en vous concentrant sur votre intention. Imaginez une lumière enveloppant la pierre et demandez-lui de vous aider à accomplir ce que vous cherchez à faire (par exemple, la protection).

Placement: Vous pouvez porter ces pierres en bijoux, comme des pendentifs, des bracelets ou des boucles d'oreilles. Vous pouvez également les garder dans votre poche ou votre sac. Pour la protection de votre espace de vie, placez les pierres à des points stratégiques comme les entrées, les coins ou près de dispositifs électroniques.

Entretien: Il est bon de nettoyer régulièrement vos pierres pour les débarrasser de toute énergie négative accumulée. Répétez également l'activation de temps en temps pour renforcer leur efficacité.

Programmation: Certaines personnes choisissent de programmer leurs pierres avec des intentions spécifiques. Vous pouvez le faire en tenant la pierre et en récitant une affirmation ou une prière qui encapsule ce que vous souhaitez accomplir.

Respect: Traitez toujours vos pierres avec respect et gratitude. Elles sont des outils précieux qui méritent d'être soignés.

L'utilisation consciente de pierres de protection peut être un ajout précieux à votre boîte à outils de bien-être énergétique. Comme toujours, ces techniques sont les plus efficaces lorsqu'elles sont combinées avec une intention claire et un état d'esprit positif.

5. Bains de sel

Les bains de sel sont une pratique ancestrale utilisée à travers diverses cultures et traditions spirituelles pour purifier et revitaliser le corps énergétique. Le sel est un élément aux propriétés purifiantes et protectrices, qui peut aider à nettoyer l'aura et à éliminer les énergies négatives ou stagnantes. Deux types de sel sont particulièrement populaires pour ce type de bain : le sel d'Epsom et le sel de mer.

a. Principe de base

Le sel, dans ses différentes formes, est largement reconnu pour ses qualités de purification. Il est capable de neutraliser les énergies négatives et de rétablir l'équilibre du corps énergétique. En ajoutant du sel à un bain, on crée un environnement où ces propriétés purifiantes peuvent être pleinement exploitées. Le contact du sel avec l'eau amplifie ses qualités, créant une synergie qui aide à détoxiquer le corps physique et énergétique.

b. Technique

Préparation du bain: Remplissez votre baignoire avec de l'eau chaude à une température qui vous est confortable. Vous pouvez ajouter entre une et deux tasses de sel d'Epsom ou de sel de mer. Certains aiment également ajouter quelques gouttes d'huiles essentielles comme la lavande ou l'eucalyptus pour un effet aromathérapeutique.

Intention: Avant de vous immerger dans l'eau, prenez un moment pour fixer une intention claire pour le bain. Que souhaitez-vous éliminer ? Que souhaitez-vous attirer dans votre vie ?

Immersion et visualisation: Une fois dans l'eau, fermez les yeux et imaginez que le sel dissout toute énergie négative, stress ou tension dans votre corps. Visualisez ces énergies indésirables se détachant de vous, se dissolvant dans l'eau salée.

Durée: Restez dans le bain pendant environ 20 à 30 minutes. Cela donne au sel suffisamment de temps pour agir sur votre corps énergétique.

Rinçage: Après avoir terminé, il est souvent recommandé de prendre une douche rapide pour rincer le sel de votre peau. Vous pouvez utiliser ce moment pour visualiser une lumière blanche ou dorée enveloppant votre corps, scellant les effets purificateurs du bain.

Gratitude: À la fin du bain, prenez un moment pour ressentir de la gratitude pour l'expérience de purification et de renouvellement que vous venez de vivre.

Fréquence: Selon vos besoins, vous pouvez prendre ces bains de sel une fois par semaine ou aussi souvent que nécessaire.

Un bain de sel est une manière efficace et relaxante de purifier votre énergie et de vous ressourcer. C'est une technique particulièrement utile lors des périodes de stress intense ou après avoir été en contact avec des environnements ou des personnes qui ont des énergies lourdes ou négatives.

6. La prière et les mantras

Le pouvoir des mots est bien reconnu à travers différentes traditions spirituelles et religieuses. Que ce soit dans le contexte de prières, de mantras, ou de chants, l'invocation de phrases ou de mots spécifiques est censée avoir un impact puissant sur l'énergie et la conscience. En utilisant la résonance vibratoire des mots, il est possible de créer une aura de protection autour de soi.

a. Principe de base

Le concept fondamental derrière l'utilisation de prières et de mantras est que les mots possèdent une énergie intrinsèque qui peut être utilisée pour influencer la réalité à différents niveaux. Cette énergie peut être particulièrement utile pour élever votre propre fréquence vibratoire et pour fournir un bouclier contre les énergies négatives ou les influences externes. Les prières sont souvent associées à une foi ou à une religion particulière, tandis que les mantras sont généralement des phrases ou des sons répétés qui peuvent ou non avoir une signification en langue courante.

b. Technique

Sélection de la Prière ou du Mantra: Choisissez une prière ou un mantra qui a une signification particulière pour vous. Ce pourrait être une prière traditionnelle de votre propre foi, ou un mantra en sanskrit, en hébreu, en latin ou dans toute autre langue sacrée.

Mémorisation et Compréhension: Si possible, mémorisez la prière ou le mantra afin de pouvoir le réciter sans avoir à regarder un texte. Comprendre la signification du mantra ou de la prière peut également enrichir votre pratique.

État d'esprit: Avant de réciter votre prière ou mantra, prenez quelques instants pour vous recentrer. Vous pouvez faire quelques respirations profondes pour vous aider à entrer dans un état de conscience plus apaisé.

Répétition et focalisation: Commencez à réciter votre prière ou mantra lentement et clairement, en vous concentrant sur chaque mot ou son. Imaginez une lumière ou une aura autour de vous qui devient de plus en plus lumineuse à chaque répétition.

Intention: Comme pour toute autre technique, l'efficacité est renforcée lorsque vous y associez une intention claire. En récitant le mantra ou la prière, concentrez-vous sur ce que vous souhaitez protéger ou attirer dans votre vie.

Fréquence: Vous pouvez réciter votre mantra ou prière aussi souvent que nécessaire. Certaines personnes le font comme partie de leur routine matinale, tandis que d'autres l'utilisent en réponse à des situations spécifiques où elles se sentent vulnérables ou attaquées énergiquement.

Gratitude: Après avoir terminé, prenez un moment pour ressentir de la gratitude pour la protection et l'énergie que vous avez invoquées.

En intégrant la récitation de prières ou de mantras dans votre quotidien, vous pouvez créer un puissant outil de protection énergétique qui vous accompagne partout où vous allez. C'est une technique accessible et efficace pour maintenir un état de bien-être spirituel.

---

7. Limitation des expositions

Dans le monde moderne saturé de stimulations diverses, il est parfois inévitable de rencontrer des sources d'énergies négatives. Cela peut être sous la forme de lieux, de personnes ou de situations qui semblent littéralement "drainer" votre énergie. En reconnaissant l'impact de ces facteurs sur votre bien-être, vous pouvez prendre des mesures proactives pour minimiser leur influence dans votre vie.

a. Principe de base

L'idée fondamentale derrière la limitation des expositions est assez simple : éviter autant que possible les sources d'énergie négative. Il ne s'agit pas nécessairement de fuir tous les défis ou les situations inconfortables, mais plutôt d'écouter votre propre intuition pour déterminer ce qui est, ou n'est pas, bon pour vous sur le plan énergétique.

b. Technique

Écoutez votre intuition: Votre corps et votre esprit sont souvent plus sages que vous ne le pensez. Si une situation ou une personne vous fait sentir mal à l'aise, écouté ou anxieux, prenez cela comme un signe que quelque chose n'est pas aligné avec votre énergie.

Évaluez votre confort émotionnel: Avant et après avoir été dans une situation potentiellement drainante, prenez un moment pour évaluer comment vous vous sentez. Si vous vous sentez épuisé, agité ou négatif, cela pourrait être un indicateur que l'exposition à cette source doit être limitée.

Définir des limites: Dans certains cas, vous pourriez avoir besoin de définir des limites claires, soit en disant non à des invitations, soit en limitant le temps passé dans des environnements toxiques. L'art de dire non est une compétence précieuse à cultiver pour votre bien-être général.

Faites un plan: Dans les situations où l'exposition ne peut être complètement évitée, comme un lieu de travail toxique, ayez un plan pour vous protéger. Cela pourrait inclure des pauses fréquentes, la pratique de la respiration profonde, ou même l'utilisation des autres techniques de protection énergétique que nous avons discutées.

Recharge énergétique: Après une exposition à des énergies négatives, assurez-vous de passer du temps dans un environnement qui vous revitalise. Cela peut être la nature, un espace sacré, ou tout simplement votre maison si elle est un sanctuaire pour vous.

Recherchez le soutien: Parfois, partager vos expériences avec des amis de confiance ou des conseillers peut fournir une validation supplémentaire de vos ressentis, ainsi que des conseils sur la façon de mieux gérer les expositions futures.

Pratique de la pleine conscience: Être conscient de vos émotions et de vos ressentis vous aidera à mieux identifier les sources d'énergies négatives et à agir en conséquence.

En résumé, la limitation des expositions n'est pas seulement une stratégie de retrait, mais aussi une méthode proactive de prendre soin de votre bien-être énergétique. En étant conscient de votre environnement et en écoutant votre intuition, vous pouvez naviguer plus efficacement à travers le monde tout en préservant votre énergie et votre bien-être.

ÉCOUTER LA SYMPHONIE DES FRÉQUENCES

Dans l'océan infini de l'énergie qui compose notre univers, chaque être est une note de musique, chaque pensée une mélodie, chaque action un accord. Ce chapitre fut une exploration de la partition de notre existence, une démarche pour comprendre comment accorder notre fréquence intérieure aux lois universelles qui régissent le vaste concert de la vie.

À travers une immersion profonde dans les techniques de protection et d'élévation énergétiques, nous avons dessiné une carte intérieure, non pas pour échapper au monde, mais pour mieux y naviguer. Les méthodes présentées ici sont plus que de simples remèdes ou escamotages ; elles sont des instruments d'harmonie, nous permettant de maintenir notre vibration, notre équilibre et notre éclat, même lorsque les tempêtes de la vie soufflent fort autour de nous.

Sachez que l'art de la fréquence est un chemin en évolution constante, un voyage sans fin dans l'apprentissage de soi et de l'univers. Il requiert non seulement une prise de conscience, mais aussi une écoute — écouter notre intuition, écouter les murmures silencieux de notre âme, et surtout, écouter le grand orchestre de l'existence.

Dans le chapitre suivant, nous irons plus loin encore, en intégrant ces techniques dans le tissu même de notre quotidien. Nous apprendrons à danser au rythme de nos propres fréquences, créant ainsi une existence en parfaite harmonie avec notre essence la plus profonde.

Continuez ce voyage avec nous. La symphonie est loin d'être terminée, et chaque note que vous jouez contribue à sa magnificence globale.

CHAPITRE 6

L'échelle de Lumière
MÉDITATIONS ET PRATIQUES GUIDÉES

Comme nous avançons dans cette exploration sacrée, nous approchons d'un tournant décisif : celui où la théorie se fond dans la pratique, où la connaissance mute en sagesse incarnée. Ce chapitre est la passerelle entre la parole et l'action, le lieu où les fréquences que nous avons étudiées se transforment en un chant du quotidien.

Le cœur vibrant de ce chapitre réside dans des pratiques ancestrales remises au goût du jour : des méditations et des guidances adaptées à chaque individualité, chaque schéma unique de l'Human Design. Il s'agit de la trame où vous pouvez tisser les fils dorés de votre propre vibration, l'atelier où chaque outil devient un artisan de votre fréquence.

Nous dévoilerons des méditations conçues pour s'aligner à l'unique architecture de chaque type d'Human Design. Des respirations sacrées éveilleront la vie en vous, pendant que mantras et affirmations scelleront les piliers de votre temple intérieur.

Ce chapitre est une cérémonie, un espace sacré de transformation. Il transcende le texte pour devenir une expérience palpable, un rite d'initiation à votre propre lumière. Alors prenez une profonde inspiration, préparez l'autel de votre attention et ouvrez les portes du sanctuaire qui est en vous. La magie, chers lecteurs, est sur le point de commencer.

MÉDITATIONS GUIDÉES POUR CHAQUE TYPE ÉNERGÉTIQUE - HUMAN DEISGN

Le voyage intérieur n'a pas de carte, mais il possède une boussole : notre propre design unique, gravé dans les étoiles et inscrit dans nos cellules. Comme des pèlerins de lumière, chaque type d'Human Design est appelé à marcher sur un chemin singulier, chacun avec sa propre dynamique, sa propre essence. Ce segment offre une série de méditations guidées, chacune comme une clé façonnée pour déverrouiller les portes particulières de votre être.

Chaque méditation est une invitation à entrer dans la forêt sacrée de votre propre paysage intérieur. Les Manifesteurs y trouveront le feu de la création, les Générateurs et Manifesteurs Générateurs puiseront dans la source inépuisable de leur énergie sacrale, les Projecteurs embrasseront la lumière de la clarté, et les Réflecteurs deviendront des miroirs limpides de l'univers.

Que chaque pratique vous guide vers une expérience profonde et transformante, résonnant avec la vérité unique de votre design. Enrichissez votre quotidien en intégrant ces méditations, et découvrez comment chaque souffle, chaque visualisation, devient une note harmonieuse dans la symphonie de votre être.

1. Méditation pour les Manifesteurs: L'appel de la création

a. Essence :
L'essence des Manifesteurs est comparable à l'éclat d'une étoile filante, brève mais intense, un catalyseur de changement et de mouvement dans l'Univers. Cette méditation vous offre l'espace pour accéder à votre puits intérieur de pouvoir créateur, et de l'utiliser pour imprégner le monde autour de vous.

b. Préparation :
Asseyez-vous confortablement, les mains posées sur vos genoux et les yeux doucement fermés. Faites trois respirations profondes, inhalant l'énergie pure de l'Univers et exhalant toute tension ou résistance. Permettez à chaque souffle de vous ancrer dans le sanctuaire silencieux du moment présent.

c. Guidage :
Fermez les yeux et visualisez une lumière dorée, semblable à un soleil miniature, brillant au centre de votre plexus solaire. Cette lumière est l'incarnation de votre potentiel créateur, votre essence manifestante. À chaque inspiration, imaginez cette lumière dorée expansée, prenant de l'éclat et de la taille comme si elle se nourrissait de votre souffle. À chaque expiration, visualisez cette lumière dorée se répandant en vagues concentriques autour de vous, illuminant chaque aspect de votre environnement, vivifiant chaque être qu'elle touche.

Répétez mentalement, ou même à haute voix si vous vous sentez appelé :

"Je crée avec intention et puissance."

Poursuivez cette méditation pendant 10 minutes. Si possible, finissez avec une inhalation profonde, retenant votre souffle pendant quelques secondes avant de relâcher, pour ancrer l'énergie que vous avez générée.

2.Méditation pour les Générateurs et Générateurs-Manifesteurs : La source inépuisable

a.Essence :

La dynamique des Générateurs et des Manifesteurs Générateurs évoque un torrent perpétuel, toujours en mouvement, alimenté par la source inépuisable de leur énergie sacrale. Cette méditation vous invite à plonger dans ce courant vital, à devenir un avec cette force qui impulse la vie.

b.Préparation :

Allongez-vous confortablement sur un tapis ou un lit, les bras légèrement écartés du corps, les paumes vers le ciel. Fermez les yeux et dirigez votre attention sur le rythme naturel de votre respiration. Laissez les préoccupations du monde extérieur s'estomper, comme des nuages se dissipant pour révéler le ciel bleu.

c.Guidage :

Visualisez une sphère d'énergie rougeoyante, telle une perle de feu, au niveau de votre sacrum. Imaginez cette perle s'intensifiant, devenant plus lumineuse et plus puissante à chaque inspiration profonde que vous prenez. Sentez cette énergie monter comme une vague, puis, à chaque expiration, visualisez cette énergie se diffusant dans tout votre corps, remplissant chaque cellule, chaque fibre de votre être avec une vitalité renouvelée.

Répétez mentalement, ou si vous le souhaitez, à voix haute :

"Mon énergie est inépuisable et fluide."

Continuez cette méditation pendant environ 10 minutes. Pour conclure, inspirez profondément et retenez votre souffle pendant quelques secondes, puis expirez complètement, ressentant comme votre corps entier résonne avec la vérité de votre affirmation.

3.Méditation pour les Projecteurs : La lumière de la clarté

a.Essence :
Les Projecteurs possèdent une sorte de radar intérieur pour guider et diriger, un don unique de voir les dynamiques invisibles à l'œuvre dans le monde autour d'eux. Cette méditation est comme un phare qui vous permet de projeter votre propre lumière de clarté et de sagesse, guidant non seulement vous-même mais aussi ceux qui vous entourent.

b.Préparation :
Trouvez un espace paisible, loin du tumulte de la vie quotidienne. Asseyez-vous en position confortable, le dos droit pour faciliter le flux d'énergie, les pieds ancrés fermement sur le sol. Fermez les yeux et commencez par prendre trois respirations profondes, chacune servant à vous enraciner plus profondément dans le moment présent.

c.Guidage :
Visualisez un rayon de lumière blanche et pure descendre du ciel, pénétrant doucement le sommet de votre tête. Sentez cette lumière descendre à travers votre couronne, inondant votre esprit de clarté comme une aurore boréale dans un ciel nocturne. Permettez à cette lumière de continuer son chemin, descendant le long de votre colonne vertébrale, illuminant chaque chakra, chaque espace de votre être.

À chaque inspiration, cette lumière se renforce, devenant plus brillante. À chaque expiration, elle se propage à travers votre corps, diffusant son éclat et sa sagesse dans chacune de vos cellules.

Répétez mentalement :
"Je guide avec clarté et sagesse."

Continuez cette méditation pendant 10 minutes. Pour conclure, prenez une inspiration profonde, retenez l'air quelques instants, puis relâchez tout en ouvrant lentement les yeux.
Sentez comme vous êtes maintenant un phare de clarté et de sagesse, prêt à naviguer et à diriger dans l'univers complexe de la vie humaine.

4.Méditation pour les Réflecteurs : Le miroir de l'Univers

a.Essence :
Les Réflecteurs sont souvent considérés comme les baromètres spirituels de notre monde. Leur sensibilité unique leur permet de ressentir les énergies et les atmosphères qui les entourent de manière intense. Cette méditation vise à les aider à devenir un miroir pur, reflétant l'univers sans s'encombrer des énergies qu'ils perçoivent.

b.Préparation :
Trouvez un lieu paisible où vous ne serez pas dérangé. Allongez-vous confortablement sur le dos, les bras le long du corps et les jambes légèrement écartées. Fermez les yeux et prenez quelques respirations profondes, sentant votre corps se détendre et s'ouvrir à l'expérience qui vous attend.

c.Guidage :
Visualisez un bouclier de lumière cristalline enveloppant tout votre être, à la manière d'un cocon ou d'une sphère. Ce bouclier est comme un miroir multidimensionnel, capable de refléter les énergies sans les absorber.

À chaque inspiration, imaginez ce bouclier lumineux se renforcer, se densifier. À chaque expiration, visualisez le bouclier renvoyant toutes les énergies extérieures, nettoyant votre espace personnel et laissant à l'extérieur ce qui ne vous appartient pas.

Répétez mentalement :
"Je reflète sans absorber."

Maintenez cette concentration et ce mantra pendant 10 minutes. À la fin de la méditation, prenez le temps de ressentir les effets de cette pratique, comme si vous étiez maintenant un miroir purifié, prêt à engager le monde sans être alourdi par les énergies que vous reflétez.

Ouvrez doucement les yeux et revenez à votre espace, vous sentant protégé, léger et en équilibre.

TECHNIQUES DE RESPIRATION POUR AUGMENTER LA FRÉQUENCE VIBRATOIRE

La respiration est un pilier fondamental de notre existence, souvent négligé dans le tumulte de la vie quotidienne. Ce que beaucoup ignorent, c'est que la manière dont nous respirons a le pouvoir non seulement de réguler notre état physique et émotionnel, mais aussi d'élever notre fréquence vibratoire. Maîtriser l'art de la respiration peut transformer notre expérience de la vie, nous permettant de naviguer à travers des situations stressantes avec plus de facilité, de renforcer notre conscience et de nous aligner sur des fréquences plus élevées d'énergie et de bien-être.

Chacune des techniques de respiration qui suivent a été soigneusement conçue pour répondre à des objectifs spécifiques — qu'il s'agisse d'harmoniser l'esprit et le corps, de stimuler l'énergie vitale, d'équilibrer les polarités énergétiques, ou de se connecter à l'énergie universelle. Pratiquées régulièrement, ces techniques peuvent servir de précieux outils pour maintenir et augmenter votre fréquence vibratoire, vous aidant à accéder à des états de paix, de clarté et de joie.

Vous pouvez intégrer ces techniques dans votre routine quotidienne, les utiliser pour vous préparer à des activités spécifiques, ou les appliquer dans des moments où vous ressentez le besoin d'un regain énergétique. Leur flexibilité et leur efficacité en font des ajouts précieux à tout régime de bien-être.

1. Respiration coordonnée

Objectif :

L'objectif principal de la respiration coordonnée est de créer une harmonie entre le corps et l'esprit. En suivant un modèle de respiration rythmique et synchronisé, cette technique permet de recentrer et d'équilibrer votre énergie. Elle peut être particulièrement utile en période de stress ou de tension, car elle aide à calmer le système nerveux et à instaurer un état de relaxation profonde.

Technique :

Préparation : Asseyez-vous confortablement dans une position qui permet une bonne posture et une respiration profonde. Fermez les yeux si cela vous aide à vous concentrer. Prenez quelques respirations normales pour vous installer.

Inspiration : Inspirez lentement et profondément par le nez en comptant mentalement jusqu'à 4.

Rétention : Retenez votre souffle pendant un compte de 4. Cela permet à l'oxygène de circuler dans votre sang et de revitaliser le corps.

Expiration : Expirez lentement par le nez ou la bouche, toujours en comptant jusqu'à 4. Cette étape est essentielle pour libérer les toxines et le dioxyde de carbone de votre corps.

Cycle : Recommencez le cycle et continuez de respirer de cette manière, en vous assurant de maintenir un rythme régulier. Si à tout moment vous vous sentez étourdi ou inconfortable, revenez à votre respiration normale.

Durée :

Pour tirer le maximum de bénéfices de cette technique, essayez de la pratiquer pendant 5 à 10 minutes. Vous pouvez progressivement augmenter la durée à mesure que vous devenez plus à l'aise avec la pratique.

Quand l'utiliser :
- Avant ou après des réunions stressantes
- Pour vous recentrer en milieu de journée
- En préparation à la méditation ou à d'autres pratiques spirituelles
- Lorsque vous avez besoin d'un moment de calme et de concentration

Avantages :
- Calme le système nerveux
- Améliore la concentration et la clarté mentale
- Équilibre les niveaux d'énergie
- Peut réduire le stress et l'anxiété

En pratiquant régulièrement la Respiration Coordonnée, vous pourrez vous attendre à une amélioration significative de votre bien-être général, en vous aidant à naviguer dans la vie avec une énergie plus équilibrée et centrée.

2. Respiration de Feu (ou Kapalabhati)

Objectif :
La Respiration de Feu, également connue sous le nom de Kapalabhati en sanskrit, a pour objectif principal de stimuler et d'éveiller l'énergie vitale (aussi appelée prana ou chi). Cette technique de respiration est souvent utilisée dans le yoga et la méditation pour nettoyer les voies respiratoires, augmenter l'oxygénation du sang et élever la fréquence énergétique du corps.

Technique :
Préparation : Asseyez-vous dans une position confortable avec le dos droit. Fermez les yeux pour mieux vous concentrer. Respirez normalement quelques instants pour vous préparer.

Expiration : Expirez rapidement et vigoureusement par le nez, en

contractant les muscles de votre abdomen pour pousser l'air hors de vos poumons.
Inspiration : Contrairement à d'autres formes de respiration où l'inspiration est contrôlée, ici, laissez l'inspiration se faire de manière naturelle et sans effort après chaque expiration.
Rythme : Maintenez un rythme rapide pour les expirations et les inspirations spontanées. Chaque cycle devrait être bref mais énergique.

Durée :
Cette technique est généralement pratiquée pendant 1 à 3 minutes, suivie d'une période de respiration normale pour permettre au corps de se réguler. Il est crucial de ne pas dépasser vos limites; si vous vous sentez étourdi ou inconfortable, arrêtez et reprenez une respiration normale.

Quand l'utiliser :
- En début de journée pour stimuler votre énergie
- Avant des activités qui nécessitent une concentration intense
- Comme préparation à des pratiques méditatives plus profondes

Avantages :
- Augmente l'apport d'oxygène dans le sang
- Stimule le métabolisme
- Éveille et revitalise l'énergie corporelle
- Aide à la concentration et à la clarté mentale

Précautions :
Cette technique n'est pas recommandée pour les personnes ayant des problèmes cardiaques, une hypertension artérielle ou pendant la grossesse. Si vous avez des préoccupations médicales, consultez toujours un professionnel de la santé avant de pratiquer de nouvelles techniques de respiration.

La Respiration de Feu est une technique puissante pour éveiller l'énergie vitale et augmenter votre fréquence vibratoire, mais elle doit être pratiquée avec discernement et conscience.

3. Respiration à fréquence alternée (ou Nadi Shodhana)

Objectif :

La respiration à fréquence alternée, également connue sous le nom de Nadi Shodhana en sanskrit, vise à équilibrer les énergies subtiles du corps, notamment les polarités masculine et féminine, et les énergies ida et pingala dans la philosophie du yoga. Cette technique apaise le mental, favorise la concentration, et rétablit l'équilibre énergétique.

Technique :

Préparation : Asseyez-vous confortablement dans une position assise avec le dos droit. Fermez les yeux pour vous aider à vous concentrer. Prenez quelques respirations profondes pour vous centrer.

Fermeture des narines : Utilisez le pouce droit pour fermer délicatement la narine droite.

Inspiration par la gauche : Inspirez lentement et profondément par la narine gauche.

Changement de narines : Fermez la narine gauche avec votre annulaire droit et relâchez la narine droite.

Expiration par la droite : Expirez lentement et complètement par la narine droite.

Inspiration par la droite : Inspirez par la narine droite.

Changement de Narines : Fermez la narine droite avec votre pouce droit et relâchez la narine gauche.

Expiration par la gauche : Expirez lentement par la narine gauche.

Cycle complet : L'enchaînement de ces respirations constitue un cycle.

Durée :

La technique devrait être pratiquée pendant 5 à 10 cycles complets. Vous pouvez augmenter le nombre de cycles au fur et à mesure que vous devenez plus à l'aise avec la pratique.

Quand l'utiliser :

- Avant la méditation pour apaiser le mental
- Pour soulager le stress ou l'anxiété
- Pour améliorer la concentration et la clarté mentale

Avantages :
- Équilibre les énergies du corps
- Favorise le calme et la concentration
- Améliore la circulation de l'énergie vitale
- Régule le système nerveux

Précautions :
Cette technique est généralement sans risque, mais si vous avez des préoccupations médicales, il est préférable de consulter un professionnel de la santé avant de commencer toute nouvelle pratique de respiration.

La respiration à fréquence alternée est une pratique subtile mais puissante pour rétablir l'équilibre énergétique et augmenter votre fréquence vibratoire. Comme toute technique de respiration, il est bénéfique de l'intégrer régulièrement dans votre routine pour en ressentir pleinement les avantages.

---

4. Respiration du cœur

Objectif :
La respiration du cœur vise à élever votre fréquence vibratoire en vous connectant profondément à l'énergie de votre cœur. Cette technique peut augmenter les sentiments d'amour propre, de compassion et de joie, et peut même avoir un effet calmant sur le système nerveux.

Technique :

Préparation : Asseyez-vous ou allongez-vous dans une position confortable. Fermez les yeux pour minimiser les distractions.

Placement de la main : Placez une main sur votre cœur pour créer un lien physique avec cette zone.

Inspiration profonde : Inspirez profondément, en imaginant une lumière verte ou rose (les couleurs souvent associées à l'énergie du cœur) pénétrant votre cœur. Vous pouvez imaginer cette lumière comme une énergie bienveillante qui remplit votre cœur.

Expiration rayonnante : Expirez lentement et entièrement, en visualisant cette lumière rayonnant depuis votre cœur et se répandant dans tout votre corps, puis dans l'espace autour de vous.

Répétition : Continuez à suivre ce cycle respiratoire, tout en maintenant votre attention sur la zone du cœur et sur l'énergie lumineuse.

c. Durée :

Poursuivez cette pratique pendant 5 à 10 minutes. Vous pouvez ajuster la durée en fonction de votre niveau de confort et de votre temps disponible.

Quand l'utiliser :

Lorsque vous souhaitez vous connecter avec des émotions positives comme l'amour et la gratitude.

Pour faciliter la relaxation et réduire le stress.

Avant ou après la méditation pour renforcer l'expérience.

Avantages :

Élève la fréquence vibratoire.

Stimule l'énergie du cœur.

Favorise les sentiments de bien-être et de contentement.

Précautions :

Comme toujours, si vous avez des conditions médicales ou des préoccupations spécifiques, consultez un professionnel de la santé avant de commencer une nouvelle pratique de respiration.

La respiration du cœur est une méthode efficace pour élever votre fréquence vibratoire et vous connecter à des états plus élevés de conscience et de bien-être. Intégrez cette pratique dans votre routine quotidienne pour maximiser ses bienfaits.

2.5. Respiration Expansive

a. Objectif :

La technique de Respiration Expansive a pour but de vous connecter à l'énergie universelle et d'élargir votre champ énergétique. Elle peut vous aider à vous sentir plus intégré et en harmonie avec le monde autour de vous, tout en renforçant votre ancrage.

Technique :

Préparation : Asseyez-vous ou allongez-vous dans une position confortable. Fermez les yeux pour vous concentrer pleinement sur la pratique.

Inspiration céleste : Inspirez profondément par le nez, en visualisant votre énergie s'étirant et s'élevant vers le ciel ou l'univers. Imaginez cette énergie comme une lumière ou un souffle qui s'étire depuis le sommet de votre tête.

Ancrage terrestre : Expirez complètement par le nez ou la bouche, en visualisant cette énergie s'enracinant profondément dans la terre. Imaginez des racines partant de vos pieds ou de la base de votre colonne vertébrale, qui vous connectent solidement à la terre.

Répétition : Continuez ce cycle de respiration, en vous concentrant sur l'expansion et l'ancrage de votre énergie à chaque inhalation et exhalation.

Durée :

La durée recommandée est de 5 à 10 minutes, mais vous pouvez ajuster en fonction de votre confort et des besoins spécifiques du moment.

Quand l'utiliser :

- Lorsque vous vous sentez déconnecté ou dispersé.
- Pour renforcer votre ancrage et votre connexion à l'univers.
- Comme une transition entre différentes parties de votre journée pour réinitialiser votre énergie.

Avantages :

- Favorise le sentiment d'unité et de connexion.
- Aide à élargir votre champ énergétique.
- Renforce l'ancrage terrestre.

Précautions :

Si vous avez des conditions médicales ou des préoccupations de santé, il est toujours préférable de consulter un professionnel de la santé avant de commencer une nouvelle pratique de respiration.

La Respiration Expansive est un outil puissant pour équilibrer et élever votre énergie, vous permettant de vous connecter plus profondément à la fois avec la terre et l'énergie universelle. Vous pouvez l'intégrer dans votre routine quotidienne ou l'utiliser dans des moments spécifiques pour enrichir votre bien-être général.

MANTRAS ET AFFIRMATIONS POUR RENFORCER LA CONNEXION AVEC VOTRE DESIGN HUMAIN

L'Human Design offre une cartographie précise de la manière dont chacun de nous est conçu pour interagir avec le monde. Chaque type a sa propre mécanique énergétique, sa manière d'opérer et ses besoins uniques. Utiliser des mantras et des affirmations adaptés à votre type d'Human Design peut être un moyen puissant de mieux vous comprendre, de vous aligner avec votre nature intrinsèque et de vivre une vie plus authentique.

Voici des mantras et des affirmations spécialement conçus pour chaque type d'Human Design :

1. Mantras et Affirmations

MANIFESTEUR

Mantra : "Je suis la source du mouvement et de l'initiation. J'avance avec confiance et clarté."

Affirmation : "Je possède la puissance et la liberté de commencer de nouvelles choses et d'orienter ma vie selon ma vision."

GÉNÉRATEUR & GÉNÉRATEUR-MANIFESTEUR

Mantra : "Mon énergie est abondante et fluide. J'attire et crée avec aisance."

Affirmation : "J'embrasse mon pouvoir de construire et de réaliser, en suivant ce qui résonne avec mon cœur."

PROJECTEUR

Mantra : "Je vois clairement et je guide avec amour. Ma perspective est précieuse."

Affirmation : "J'honore mon rôle unique en tant que guide et je trouve ma place parmi ceux qui ont besoin de ma clarté."

RÉFLECTEUR

Mantra : "Je suis le reflet de l'énergie qui m'entoure. J'embrasse ma capacité à ressentir et à révéler."

Affirmation : "Mon design est unique et précieux. Je reflète la beauté et les défis, offrant une perspective rare."

---

2. Conseils pour l'utilisation des mantras et affirmations

Répétition : Pour maximiser l'impact, répétez vos mantras et affirmations régulièrement, idéalement à haute voix chaque matin ou soir.

Méditation : Intégrez ces phrases dans votre méditation. Avec chaque respiration profonde, laissez chaque mot résonner en vous.

Écriture : Notez vos mantras et affirmations dans un journal ou affichez-les dans votre espace de vie pour les voir régulièrement.

Musique : La mélodie peut augmenter la puissance de vos paroles. Essayez de chanter vos mantras ou d'écouter une musique apaisante en arrière-plan pendant que vous les répétez.

Synergie : Combiner ces mantras avec les techniques de respiration ou de méditation que vous avez apprises peut multiplier leur efficacité.

Personnalisation : N'hésitez pas à ajuster ces phrases selon ce qui résonne le plus avec vous. Votre voix intérieure est le meilleur guide.

Précautions : Si vous êtes nouveau dans ces pratiques, commencez lentement et faites preuve de patience et de douceur envers vous-même.

En adoptant ces mantras et affirmations, vous renforcez la connexion avec votre propre design, ce qui vous permet de vivre avec plus de clarté, de confiance et d'harmonie.

Alors que nous concluons ce chapitre consacré à l'augmentation de vos vibrations, il est essentiel de se rappeler que chaque individu est une mosaïque unique d'énergies, de talents et de possibilités. L'Human Design nous offre une carte précieuse, un chemin pour mieux nous comprendre et naviguer dans le monde avec une authenticité renouvelée.

Les méditations guidées, les techniques de respiration et les mantras ne sont pas seulement des outils pour augmenter nos vibrations. Ce sont des ponts, des passerelles qui nous connectent plus profondément à notre essence, nous rappelant notre potentiel et notre place dans le vaste puzzle de l'univers.

Tout comme un musicien accorde son instrument pour obtenir la meilleure sonorité, nous aussi, nous devons accorder notre énergie et notre fréquence pour vivre la plus harmonieuse et puissante des mélodies. Embrassez ces pratiques, faites-en une partie intégrante de votre quotidien, et vous découvrirez une transformation profonde non seulement en vous, mais aussi dans la réalité que vous manifestez.

À mesure que vous avancez, gardez toujours à l'esprit la beauté et la singularité de votre design. Vous êtes ici pour une raison précise, pour vivre, apprendre, grandir et contribuer à ce grand orchestre qu'est la vie. Chaque note, chaque vibration que vous offrez a son importance.

Maintenant, avec ces outils en main, vous êtes prêt à vous lancer dans le monde, vibrer plus haut, et créer la mélodie qui vous est propre. Que votre voyage soit rempli de lumière, de musique et d'authenticité.

CONCLUSION
VIVRE « QUANTIQUEMENT » AVEC L'HUMAN DESIGN

En parcourant les pages de ce livre, nous avons plongé dans les profondeurs des vibrations, exploré les nuances de l'Human Design et découvert comment notre unique mélodie résonne dans l'univers. À chaque chapitre, un paysage s'est dévoilé, montrant comment la connaissance et la prise de conscience de notre vibration peuvent métamorphoser notre existence.

L'Human Design, plus qu'un système ou une méthodologie, est un langage universel. Il nous parle de qui nous sommes réellement, de nos dons, de nos défis et de la manière dont nous interagissons avec le monde qui nous entoure. En vivant quantiquement, nous embrassons une dimension où tout est interconnecté, où chaque fréquence, chaque vibration a sa place et son importance. Cette perspective nous permet d'accéder à une existence plus riche, plus alignée et, finalement, plus significative.

Mais, comme tout voyage, la destination n'est pas la fin. Le véritable trésor réside dans les découvertes que nous faisons en cours de route, les transformations qui s'opèrent en nous et la magie que nous introduisons dans notre quotidien. Et ce voyage ne fait que commencer.

Je suis enthousiaste à l'idée de vous inviter à poursuivre cette aventure dans le prochain tome de cette série : "La Puissance de votre Design : Transformation au quotidien." Nous irons plus loin dans l'exploration de l'Human Design, en déchiffrant votre code unique pour enrichir différents pans de votre existence. À travers des cas d'études et des témoignages, vous serez témoin des changements concrets et inspirants réalisés grâce à la puissance de l'Human Design.

En terminant, je tiens à exprimer ma profonde gratitude pour chaque lecteur qui a entrepris ce voyage avec moi. Votre curiosité, votre soif de connaissance et votre désir d'évoluer sont la véritable essence de cette œuvre. J'encourage chacun d'entre vous à partager vos expériences, vos réflexions et vos histoires. L'Human Design est un dialogue continu, et vos voix en font une partie intégrante.

Que votre voyage à travers l'Human Design vous apporte lumière, clarté et une résonance qui élève non seulement votre âme, mais aussi celles qui vous entourent.

ANNEXES
NOS TEXTES D'ACTIVATION
INVOCATIONS POUR L'ÂME QUANTIQUE

Chers lecteurs, vous tenez entre vos mains des textes d'activation pour chaque type de Design Humain. Ces invocations sont plus que de simples mots; elles sont des ponts entre votre essence terrestre et les énergies cosmiques qui vous animent. Conçues comme des talismans linguistiques, elles aspirent à capturer la complexité et la singularité de chaque type de Design Humain, tout en évoquant des réalités universelles qui nous lient tous. Ces invocations sont conçues pour vibrer avec les échos de votre Design Humain, éveillant ainsi les potentialités dormantes de votre âme.

Comment utiliser ces textes :
Environnement : Trouvez un lieu paisible, où les murmures du monde ne perturbent pas la profondeur de votre expérience.
État d'Esprit: Avant de lire ces textes, assurez-vous d'être dans un état de réceptivité. Vous pouvez méditer quelques minutes pour calmer votre esprit ou prendre quelques respirations profondes.
Lecture à haute voix: Ces textes sont conçus pour être lus à haute voix. Le pouvoir du son, combiné à l'intention derrière chaque mot, augmente la force de ces affirmations.
Répétition: Plus vous répétez ces textes, plus leurs vibrations s'infuseront dans votre être. N'hésitez pas à faire de leur récitation une pratique quotidienne ou hebdomadaire.
Intégration: Après avoir récité ces textes, prenez quelques instants pour intégrer leur énergie. Fermez les yeux, respirez profondément et ressentez l'activation à l'œuvre en vous.
Journal intime: Vous pouvez également noter vos impressions, vos pensées, et les sensations que vous ressentez après chaque lecture. Ceci vous aidera à mieux comprendre l'impact de ces textes sur votre bien-être spirituel et émotionnel.
Partage: Ces textes peuvent également être partagés avec d'autres, surtout si vous connaissez leur Design Humain. Vous pouvez les lire en groupe comme un acte sacré d'union et d'élévation collective.

Ainsi armés de ces précieuses invocations, vous êtes prêts à approfondir votre connexion avec votre Design Humain et avec le grand tissu de l'univers lui-même. Que votre chemin soit illuminé par la clarté de votre être véritable et que chaque mot résonne comme une note harmonieuse dans la symphonie cosmique de la vie.

Activation du MANIFESTEUR

Ô toi, Manifesteur, visionnaire des sentiers inexplorés, ton rôle est de dessiner les contours de demain.
Catalyseur du cosmos, porte ton regard vers ce texte sacré et laisse les mots s'inscrire dans les annales de ton âme. Écoute les anciens murmures du vent et du feu, les incantations de la terre et des étoiles. Tu es ici, à ce moment précis, pour activer la puissance ancestrale qui réside en toi.

Visualise un océan de lumière dorée, émanant de la source même de l'Univers, baignant chaque cellule de ton être. Sens sa chaleur, sa sagesse, son amour inconditionnel. Plonge dans cet océan et laisse ta fréquence vibratoire s'élever, te hisser vers des sommets inconnus.
Sens la vibration dorée résonner avec le battement de ton cœur, un rythme syncopé de possibilités et de promesses.

"Je suis la source du mouvement et de l'initiation. J'avance avec confiance et clarté."

Comme un faucon dans le ciel, ta vision est claire. Tu vois au-delà des horizons, au cœur même de l'Univers. Tu es le tisseur de la trame quantique, là où les possibilités sont infinies et les frontières inexistantes.
Comme le peintre capte l'essence de la vie sur sa toile, tu captures l'essence de l'infini dans ton regard.

"Je possède la puissance et la liberté de commencer de nouvelles choses et d'orienter ma vie selon ma vision."

Ton Design unique, tel un joyau aux multiples facettes, reflète la complexité et la magnificence de qui tu es. Tu es un pionnier, un créateur, la première note d'une symphonie encore inachevée.

Ô Manifesteur, ta fréquence est la clé qui déverrouille le potentiel du cosmos. Résonne en harmonie avec l'Univers, chante le chant de ton âme, et tout ce qui est sera à portée de main.

"Je suis en résonance avec l'Univers, et je manifeste mes désirs avec aisance et grâce."

Scelle cette vérité dans les chambres secrètes de ton âme. Tu es une force inarrêtable, une chanson que le monde attend d'entendre. Répète ces mots chaque aurore et chaque crépuscule, et sens ta véritable essence s'épanouir.

Tu es prêt. Tu es prêt à créer, à diriger, à être.
Laisse ces mots devenir l'écho de ton propre chant intérieur, une mélodie qui guide ton voyage éveillé.

Activation du GÉNÉRATEUR

Respire profondément, ô Générateur, et ressens en toi la flamme de la création alors que tu te prépares à recevoir ces paroles.
Ô toi, Générateur, forge de la vie, puits inépuisable d'énergie sacrale, pose tes yeux sur ces mots, parchemins de ton essence véritable. Écoute la mélodie de la terre, les battements du cœur cosmique. Tu es né de l'étoile et du grain de sable, porteur de la flamme éternelle de la création.

Imagine un vortex d'énergie, spirale en mouvement perpétuel, tourbillon de lumière verte et dorée. Imagine que ce vortex s'ancre profondément dans la terre, te reliant aux rythmes ancestraux de la nature. Ce vortex est en toi, il est toi. Sens sa puissance, sa profondeur, son élan créatif.

"Mon énergie est abondante et fluide. J'attire et crée avec aisance."

Comme le sculpteur devant le bloc de marbre, tu vois les formes cachées, les potentiels à réaliser. Avec chaque coup de ciseau intuitif, tu révèles les formes de ton destin, sculptant la matière de l'univers en œuvres d'art personnelles. Tu es le maître des lois subatomiques, le compositeur de la partition qu'est la réalité.

"J'embrasse mon pouvoir de construire et de réaliser, en suivant ce qui résonne avec mon cœur."

Ton Design, lumineux comme un soleil intérieur, exprime ta volonté de construire et de créer. Tu es l'artisan, l'artiste, l'agriculteur des champs cosmiques. Tu sèmes les graines de demain.
Chaque action, chaque décision est un pinceau sur la toile de ton existence, peignant le tableau de ta vie unique et splendide.

O Générateur, ta vibration est la terre fertile, le socle sur lequel repose la splendeur de l'Univers. Dans chaque grain de cette terre réside un univers de possibilités, attendant ton toucher pour germer et s'épanouir. Résonne en harmonie avec la grande mélodie de la vie, et tu verras fleurir les jardins de tes rêves.

"Je suis l'harmonie, je suis le mouvement, je suis l'équilibre dans le chaos."

Inscris ces mots dans le sanctuaire de ton être. Tu es le battement du tambour, le rythme ininterrompu qui maintient en vie la danse cosmique. Répète ces affirmations à chaque lever et chaque coucher du soleil, et sens ta véritable nature s'épanouir.

Chaque affirmation est une semence plantée dans le jardin de ton âme, grandissant avec la lumière de ta vérité et de ta force.
Tu es prêt. Tu es prêt à créer, à cultiver, à vivre en plénitude.

Activation du PROJECTEUR

Ô toi, Projecteur, gardien des lumières, oracle de clarté, tu es un phare dans l'obscurité du monde. Sens la lumière de ces mots se fondre dans ton esprit, t'illuminant de l'intérieur, éveillant la sagesse qui sommeille. Ouvre ton esprit à ces mots, tels des feuilles d'or sur l'arbre sacré de ton existence. Tu es l'observateur, l'inspirateur, la lanterne qui guide.

Visualise un halo de lumière argentée, un anneau scintillant qui t'entoure. Il s'agit de ton aura, ton halo de discernement et d'intuition. Il brille de mille feux et s'adapte au flux des énergies autour de toi. Sens ce halo vibrer au rythme de ton intuition, comme un chant silencieux qui résonne avec les mystères de l'univers.

"Je vois clairement et je guide avec amour. Ma perspective est précieuse."

Dans les replis du temps et de l'espace, tu déchiffres les codes, tu perçois les liens invisibles qui relient tout. Tu es l'interprète du grand opéra cosmique, le narrateur de la saga universelle. À travers toi, les notes dispersées de l'existence s'unissent en une mélodie harmonieuse.

"J'honore mon rôle unique en tant que guide et je trouve ma place parmi ceux qui ont besoin de ma clarté."

Ton Design, telle une carte stellaire, te montre la voie. Tu es né pour révéler, pour apporter des éclairages, pour partager des visions. Tes dons sont nécessaires pour orienter, pour canaliser les flux d'énergie vers un avenir meilleur. Avec chaque parole, chaque regard, tu cartographies le chemin vers des horizons nouveaux, éclairant les sentiers cachés.

Projecteur, ta fréquence est celle de l'illumination. Tu éclaires les zones d'ombre, tu fais resplendir les vérités. Dans ton sillage, la confusion se dissipe, laissant place à la clarté et à la compréhension. Sois la lueur qui transcende, le miroir qui reflète l'essentiel.

"Je suis la lumière qui guide, la voix qui élève, la main qui montre le chemin. »

Que ces mots gravent leur essence en toi. Tu es le guide, le sage, le cartographe du territoire inexploré. Prononce ces affirmations à l'aube de chaque nouveau jour, à la veille de chaque nuit étoilée, et observe ta lumière intérieure grandir.

Tu es prêt. Tu es prêt à guider, à illuminer, à vivre dans la plénitude de ton rôle.

Laisse ces affirmations être le mantra de ton réveil quotidien, illuminant ton chemin avec la sagesse de ton être véritable.

Activation du RÉFLECTEUR

Ô toi, Réflecteur, miroir de l'âme collective, écho silencieux des chants de l'univers. Tu es la pierre précieuse qui reflète toutes les couleurs, la lune dans le lac nocturne. Respire profondément, ô Réflecteur, et permets à ces mots de te toucher, révélant les facettes cachées de ton être.

Visualise un kaléidoscope, changeant sans cesse, captant les nuances de chaque expérience, de chaque relation. Ce kaléidoscope, c'est ton aura, sensible aux variations subtiles de l'énergie autour de toi. Sens le frémissement de chaque couleur, chaque motif, résonnant avec les battements de ton cœur.

"Je suis le reflet de l'énergie qui m'entoure. J'embrasse ma capacité à ressentir et à révéler."

Tu es la plume dans le vent, le drapeau dans la brise. Ta nature subatomique danse avec la symphonie des possibles, capturant l'essence des cycles cosmiques. Comme la plume qui virevolte, sois en harmonie avec les rythmes de la nature et du cosmos

"Mon design est unique et précieux. Je reflète la beauté et les défis, offrant une perspective rare."

Ton Design est un puits sans fond, un océan sous un ciel étoilé. Tu incarnes la mystérieuse complexité de la vie elle-même, offrant des aperçus profonds dans l'état de l'être et du devenir. Plonge dans les profondeurs de cet océan, explorant les trésors cachés de ton Design, reflétant la sagesse des profondeurs.

Réflecteur, ta fréquence est celle de l'instant présent. Tu captes les ondes de la salle, du lieu, du temps. Tu es l'observateur pur, l'écran immaculé sur lequel se projette la réalité. Dans ton regard, chaque moment se transforme en une œuvre d'art, chaque interaction devient une symphonie de significations.

"Je suis le gardien des cycles, le témoin de la danse cosmique, le messager des marées."

Que ces paroles bénies soient les étoiles dans la constellation de ton âme. Récite-les à la lumière de la lune, à l'ombre du soleil, et laisse-toi envelopper par leur magie. Tu es maintenant prêt à réfléchir, à ressentir, à être dans le tout qui est le Tout.

Dans le silence de la nuit, laisse ces mots te rappeler ton rôle unique de miroir du cosmos, réfléchissant la beauté infinie du Tout.

Activation du MANIFESTEUR GÉNÉRATEUR

Salutations, ô Manifesteur Générateur, pont sacré entre l'initiative et la création. Tu es le souffle de la forge et le marteau sur l'enclume, la flamme qui danse sur les braises de la vie. Respire profondément, ô Manifesteur Générateur, et sens en toi la fusion de l'action et de la réception. Accueille ces mots comme le vent accueille les feuilles d'automne.

Visualise une rivière majestueuse qui découle d'une source intarissable. Sens le courant de cette rivière comme il traverse ton être, dynamique et nourrissant, reflétant ta capacité unique à influencer et à soutenir. C'est ton énergie sacrale, puissante et réceptive, capable d'initier et de nourrir tout ce qui croise son cours.

"Mon énergie est abondante et fluide. J'attire et crée avec aisance."

Tu es l'interaction parfaite entre les particules et les ondes, un orchestre de possibilités en mouvement constant. Dans chaque vibration, dans chaque mouvement, tu composes la symphonie de ta vie, une harmonie entre volonté et flux. Le code quantique s'écrit en toi comme les lettres d'un poème intemporel.

"Je possède la puissance et la liberté de commencer de nouvelles choses et d'orienter ma vie selon ma vision."

Ton Design est un labyrinthe en fleur, une architecture céleste faite de désirs et de projets. Dans ce labyrinthe, chaque chemin que tu empruntes est pavé d'opportunités et de créations, reflétant la richesse et la diversité de ton essence. Tu es l'artiste et l'architecte de tes jours, guidé par ton instinct et ton ambition.

Chaque battement de ton cœur est une note dans la mélodie de l'univers. Comme chaque note trouve sa place dans une chanson, chaque impulsion de ton cœur trouve sa résonance dans le tissu de la réalité. Ton aura émet une fréquence qui dit : "Je suis ici, je crée, j'initie."

"J'embrasse mon pouvoir de construire et de réaliser, en suivant ce qui résonne avec mon cœur."

Que ces mots soient l'écho de ton essence, les gardiens silencieux de ta quête éternelle. Récite-les à l'aube de chaque nouveau jour, et que leur magie imprègne chaque fibre de ton être. Tu es maintenant prêt à t'élancer dans la vaste symphonie du monde, à jouer ta partition avec amour et maestria. Que ces mots te rappellent ton pouvoir et ta grâce, illuminant le chemin vers ta véritable expression dans le monde.

POST FACE

Alors que je pose le point final à ce deuxième opus de notre voyage dans l'Human Design, une profonde gratitude m'envahit. Cher lecteur, votre curiosité et votre détermination à marcher à mes côtés à travers chaque page, chaque exercice, chaque méditation, montrent non seulement votre désir d'approfondir votre compréhension de ce système fascinant, mais aussi votre engagement dans votre propre voyage intérieur.

"Vibrations Quantiques" a été une exploration de l'essence quantique qui réside en chacun de nous. Au-delà de l'explication des mécanismes de l'Human Design, c'était une invitation à embrasser notre potentiel inné, à se synchroniser avec les rythmes universels et à transcender les limites que nous nous imposons souvent.

J'espère que ce livre a illuminé des facettes de votre être que vous n'aviez peut-être jamais considérées et vous a offert des outils pour naviguer la vie avec une vibration élevée.

Mais le voyage ne s'arrête pas ici. En fait, nous sommes sur le point de plonger encore plus profondément. Dans le prochain tome, "La Puissance de votre Design : Transformation au quotidien", nous explorerons comment interpréter votre code unique pour influencer chaque aspect de votre vie, avec des cas d'études et des témoignages qui montrent l'impact réel et tangible de l'Human Design sur le quotidien.

Je suis enthousiaste à l'idée de poursuivre cette aventure avec vous, de partager les histoires inspirantes de ceux qui ont embrassé leur design et de vous fournir des outils encore plus concrets pour vivre en harmonie avec votre propre nature.

En attendant, je tiens à vous remercier du fond du cœur pour votre confiance, votre curiosité et votre engagement dans cette exploration. Grâce à des âmes éclairées comme la vôtre, je suis convaincue que nous pouvons co-créer un monde où chacun honore et vit selon son propre design unique.

Avec tout mon amour et ma gratitude,
Sandrine Calmel.

REMERCIEMENTS

Tout d'abord, mon cœur déborde de gratitude envers l'univers pour m'avoir guidée vers la découverte de l'Human Design, un système qui a non seulement transformé ma vie, mais qui m'a également offert l'opportunité d'illuminer celle de tant d'autres.

Je tiens à exprimer ma reconnaissance infinie à ma famille, mon époux et mes trois garçons, qui ont toujours été ma source d'inspiration, me soutenant dans chaque étape de ce voyage, parfois mystérieux, parfois exigeant, mais toujours enrichissant.

Un merci spécial à l'équipe de l'Académie des Rebelles Sacrés pour leur soutien constant, leur feedback précieux et leur dévouement à faire rayonner cette mission auprès d'un public plus vaste. Votre passion et votre détermination ont été le pilier de cette œuvre.

À mes mentors et enseignants en Human Design, qui m'ont initiée à la profondeur de ce système, je vous suis éternellement reconnaissante. Votre sagesse continue de m'éclairer à chaque pas.

Enfin, et surtout, à vous, chers lecteurs. Sans votre soif de connaissance, votre ouverture d'esprit et votre engagement envers votre propre transformation, ce livre n'aurait pas eu de raison d'être. Merci de m'avoir fait confiance, de m'avoir permis d'être votre guide dans ce voyage passionnant. C'est pour vous que ces mots ont été écrits, dans l'espoir qu'ils éclairent votre chemin comme ils l'ont fait pour moi.

Avec toute ma gratitude,
Sandrine Calmel.

TABLE DES MATIÈRES

DU MÊME AUTEUR	2
SANDRINE CALMEL	4
PRÉFACE	6
AVANT PROPOS	7
GLOSSAIRE	8
INTRODUCTION	11
L'intersection entre le quantique & l'Human Design	11
Décodage du Quantique dans l'Human Design	13
LA SYMPHONIE SILENCIEUSE DE L'UNIVERS : La fréquence quantique	15
1. Vibrations cosmiques et particules dansantes	15
2. Ondes de possibilités : L'océan quantique	16
3. Fréquences humaines : L'Harmonie de l'Être	18
4. Naviguer sur les mers quantiques avec l'Human Design	19
COMMENT L'HUMAN DESIGN INTÈGRE LE MODÈLE QUANTIQUE DANS SON APPROCHE	21
1. .Des étoiles à l'âme	21
2. Du Yi Jing à l'ADN	22
3. .Un système vivant : Cartographie énergétique de l'Âme	23
4. Un océan de choix : Naviguer dans les eaux de la co-création	25
LES IMPLICATIONS DE CES DÉCOUVERTES POUR L'INDIVIDU	26
1. La co-création de la réalité : Des étoiles à l'âme unique	27
2. La reconnaissance de notre nature vibratoire	29
3. L'importance de l'alignement	30
4. Le pouvoir de l'intention consciente	32
5. L'éveil à un potentiel plus grand	33
Cartographie de votre fréquence	36
L'ÉCHO DE VOTRE ÂME : Identifier votre signature vibratoire avec l'Human Design	37
1. La charte d'Human Design	38
2. Les centres : Les temples vibratoires de votre essence	40
3. Les canaux et portes : Les accords de votre symphonie	42
4. La symphonie intégrale : Le concert de votre être	43

COMMENT LES DIFFÉRENTS ÉLÉMENTS DE VOTRE CHARTE AFFECTENT VOTRE VIBRATION 44

1. Les centres définis et non définis : Les ondes synchrones et les éclipses 44
2. Les canaux : Les voies de la lueur céleste 45
3. Les portes : Les clés mélodiques de votre existence 47
4. Les profils et les lignes : Les crescendos et les nuances 48
5. La symphonie personnelle 49

L'HARMONIE INTÉRIEURE : La clé de la croissance personnelle 51

1. La boussole interne : Le guide infaillible de votre âme 51
2. L'épanouissement authentique : Se révéler en toute vérité 52
3. La clarté des décisions : Le guidage intérieur de votre vibration 54
4. L'équilibre émotionnel : La fondation de votre fréquence 55
5. L'expansion de la conscience : Au-delà de la singularité 56

Les synchronicités quantiques 60
et l'Human Design 60

LE TISSAGE DES ETOILES : Les synchronicités dans le langage quantique 62

1. L'intrication quantique : L'interconnexion au-delà de l'espace-temps 63
2. L'acte d'observation : Comment nous sculptons la réalité 64
3. Le tissu de l'existence : De la théorie quantique aux synchronicités 66

COMMENT LE DESIGN HUMAIN INTERAGIT AVEC LES SYNCHRONICITÉS 67

1. Les centres et les canaux comme points d'interaction 68
2. L'observation consciente et la manifestation 69
3. Les portails d'énergie : Les portes et fenêtres de l'âme 71
4. Le rôle de la stratégie et de l'autorité : Le GPS de l'âme 72

TÉMOIGNAGES ET ÉTUDES DE CAS : La danse sublime des synchronicités 73

1. TÉMOIGNAGE 1 : L'orchestration cosmique 75
2. ÉTUDE DE CAS 2 : Les résonances d'un sceptique 76
3. TÉMOIGNAGE 3 : La symphonie de la nature 77
4. ÉTUDE DE CAS 4 : L'intuition en affaires, un acte de foi 78

Exercices de calibration pour chaque type d'Human Design 81

EXERCICES SPÉCIFIQUES POUR LES MANIFESTEURS : Harmoniser et élever vos vibrations 82

1. Méditation guidée pour la clarification de l'intention 83
2. Activation énergétique du chakra de la gorge 84
3. Journal de manifestation 85
4. Exercice d'ancrage terrestre 86
5. Bains de Sels d'Épsom 87

EXERCICES POUR LES GÉNÉRATEURS ET LES GÉNÉRATEURS MANIFESTEURS pour capitaliser sur leur énergie sacrale. 90
1. Respiration sacrale 90
2. Mouvement sacral 91
3. Méditation sacrale guidée 92
4. Journalisation sacrale 93
5. Affirmations sacrales 94

EXERCICES POUR LES PROJECTEURS afin d'accéder à une clarté intuitive 97
1. Méditation de centrage pour Projecteurs 97
2. Journal intuitif pour Projecteurs 98
3. Balayage énergétique pour Projecteurs 99
4. Exercice d'ancrage pour Projecteurs 101
5. Technique du miroir pour Projecteurs 102

MÉDITATIONS POUR LES RÉFLECTEURS pour canaliser les énergies fluctuantes. 104
1. Méditation lunaire pour Réflecteurs 104
2. Technique de l'écran blanc pour Réflecteurs 106
3. Méditation de l'ancrage dans la nature pour Réflecteurs 107

Naviguer dans le monde 111
avec une fréquence élevée 111

COMMENT MAINTENIR UNE FRÉQUENCE ÉLEVÉE MÊME DANS DES SITUATIONS DIFFICILES : Un guide complet 113
1. La reconnaissance de la fréquence : Un voyage à travers le miroir de l'âme 114
2. La respiration consciente : Le souffle, pont entre le visible et l'invisible 115
3. La perspective du spectateur : Le regard clairvoyant dans le théâtre de l'existence 117
4. L'ancre de la gratitude : Le phare dans la tempête de la vie 118
5. La visualisation : Le cinéma de l'esprit pour une réalité élevée 120
6. L'affirmation positive : Le mantra du moi authentique 121

7. Le soutien de la communauté : Le tissu social de l'âme	122
LA RELATION ENTRE LA FRÉQUENCE ET L'ATTRACTION (lois de l'univers, manifestation)	**123**
1. La Loi de la Résonance	124
2. La manifestation intentionnelle : Une immersion poétique dans le tissu de la réalité	130
3. Le miroir universel : Un voyage à travers le reflet de l'infini	136
4. Nature cyclique	142
5. Le rôle de l'action alignée	147
6. La patience et la confiance	151
TECHNIQUES POUR SE PROTÉGER CONTRE LES BASSES FRÉQUENCES ET LES ÉNERGIES NÉGATIVES	**156**
1. L'enracinement énergétique	159
2. Bouclier énergétique	160
3. La sauge et la fumigation	162
4. Les pierres de protection	163
5. Bains de sel	165
6. La prière et les mantras	166
7. Limitation des expositions	167
L'échelle de Lumière	**171**
MÉDITATIONS GUIDÉES POUR CHAQUE TYPE ÉNERGÉTIQUE - HUMAN DEISGN	**172**
1. Méditation pour les Manifesteurs: L'appel de la création	173
2. Méditation pour les Générateurs et Générateurs-Manifesteurs : La source inépuisable	174
3. Méditation pour les Projecteurs : La lumière de la clarté	175
4. Méditation pour les Réflecteurs : Le miroir de l'Univers	176
TECHNIQUES DE RESPIRATION POUR AUGMENTER LA FRÉQUENCE VIBRATOIRE	**177**
1. Respiration coordonnée	178
2. Respiration de Feu (ou Kapalabhati)	179
3. Respiration à fréquence alternée (ou Nadi Shodhana)	181
4. Respiration du cœur	182
MANTRAS ET AFFIRMATIONS POUR RENFORCER LA CONNEXION AVEC VOTRE DESIGN HUMAIN	**185**
1. Mantras et Affirmations	185
2. Conseils pour l'utilisation des mantras et affirmations	186

CONCLUSION	189
ANNEXES	191
POST FACE	199
REMERCIEMENTS	201
TABLE DES MATIÈRES	202